Wolfgang Constance

Spanisch in 10 Tagen

Sprachkurs mit einer neuen Methode

Bibliografische Information der Deutschen Bibliothek: Die Deutsche Bibliothek verzeichnet diese Publikation in der Deutschen Nationalbibliografie; detaillierte bibliografische Daten sind im Internet über http://dnb.ddb.de abrufbar.

© 2014 Wolfgang Constance
Herstellung und Verlag: BoD - Books on Demand Norderstedt
ISBN 978-3-7357-8701-9
Titelbild: Garten des Generalife Palastes neben der Alhambraburg in Granada
Foto: Wolfgang Constance

Inhalt

Die Zollkontrolle. Basiswissen.	5
Wo ist der Bahnhof? Artikel.	9
Der Streik. Hauptwörter.	14
Die Panne. Eigenschaftswörter.	18
Erste Begegnung. Umstandswort.	23
Das Hochzeitskleid. Verben.	27
Die Hochzeitsreise. Fürwörter.	36
Ankunft im Hotel. Fragesätze.	44
Im Restaurant. Raum und Zeit.	51
Wichtige Redewendungen	56
Vokabular	62

Erster Tag

Die Zollkontrolle. El control aduanero.

Ort: Flughafen Madrid - Barajas
Personen: Touristin T, Zöllner Z

Z Guten Tag. Buenos días (buenos dias). Ihren Pass bitte. Su pasaporte, por favor (su pasaporte por fawor). Der Pass ist abgelaufen. El pasaporte está caducado (el pasaporte_esta kadukado).

T Hier ist mein Personalausweis. He aquí mi tarjeta de identidad (e_aki mi tarcheta de_identida). In diesem Monat bin ich durch Deutschland *gereist*. Este mes he *viajado* por Alemania (este mes e wiachado por alemania). Gibt es etwas Neues in Spanien? Hay algo de nuevo en España (ai_algo de nuewo_en espanja)?

Z Ich weiß nichts Neues. No sé nada de nuevo (no se nada de nuewo). Haben Sie etwas zu verzollen? Tiene algo que declarar (tiene_algo ke deklarar)?

T Ich habe nichts zu verzollen. No tengo nada que declarar (no tengo nada ke deklarar).

Z Öffnen Sie diesen Koffer! Abra esta maleta (awra_esta maleta). Jetzt weiß ich etwas Neues für Sie. Ahora sé algo de nuevo para usted (aora se_algo de nuewo para_uste). *Sie müssen* auf das hier Zoll *bezahlen*. Ha de pagar aduana sobre esto (a de pagar aduana sobre_esto).

T Aber das ist ein Geschenk. Pero esto es un regalo (pero_esto_es un regalo).

Z Für wen? Para quién (para kien)?

T Für Sie. Para usted (para_uste).

Z Vielen Dank! Muchas gracias (mutschas grathias)!

T Nichts zu danken. De nada (de nada).
Kursiv geschriebene Wörter haben die gleiche Bedeutung.

Die Betonung wird durch Fettdruck oder durch Apostroph vor dem betonten Teil des Wortes angezeigt, z. Bsp. pasaporte oder pasa'porte.
Wörter, die eng zusammen gesprochen werden, sind in der Lautschrift durch_verbunden, z. Bsp. la_ala / der Flügel.
<u>Sprechen Sie bitte den Text der Kurzgeschichten laut und überprüfen Sie Ihre Aussprache mit Hilfe der Lautschrift.</u>

Lautschrift (LS) und Aussprache

	LS	Aussprache	Bsp	LS	Übersetzung
b	w	s. Hinweis 1	escribir	eskri'wir	schreiben
	b	nach m und n wie b	cumbre	'kumbre	Gipfel
c	**k**	wie k	cama	'kama	Bett
	th	vor e und i stimmloses gelispeltes s	centro	'thentro	Mitte
			gracias	'grathias	danke
ch	**tsch**	wie tsch	mucho	'mutscho	viel
d	**d**	s. Hinweis 2 nach l und n wie d	nada	'nada	nichts
			donde	'donde	wo
g	**g**	weiches g	gusto	'gusto	Geschmack
	ch	vor e und i wie ch in Dach	gente	'chente	Leute
			giro	'chiro	Drehung
gue	**ge**	stummes u	guerra	'gerra	Krieg
gui	**gi**	zwischen g und e bzw. i	guitarra	gi'tara	Gitarre
güi	**gui**	ü zwischen g und e/i : u	pingüino	pin'guino	Pinguin
h		stumm	hombre	'ombre	Mann
j	**ch**	wie in Dach	espejo	es'pecho	Spiegel

ll	j	wie j	llegar	je'gar	ankommen
n	n	wie n	naranja	na'rancha	Orange
	m	vor b, f, p, v	informar	imfor'mar	informieren
ñ	nj	nj wie Tanja	España	es'panja	Spanien
qu	k	wie k	que	ke	welche/r/s
r	r	einfach gerolltes r	puerta	'puerta	Tür
	rr	mehrfach gerolltes r	jarra	'charra	Krug
s	s	scharfes s	casa	'kasa	Haus
v	w	s. Hinweis 1	lavar	la'war	waschen
	b	nach m wie b	invitar	imbi'tar	einladen
w	w	nur in Fremdwörtern	water	'water	Wasser
x	ks	wie ks	taxi	'taksi	Taxi
	s	vor Konsonanten	explicar	espli'kar	erklären
y	j	wie j	yo	jo	ich
	i	am Wortende	soy	soi	ich bin
z	th	siehe bei c	zapato	tha'pato	Schuh

F y (und) verwandelt sich vor i und hi in e, z. Bsp.
padre e hijo / Vater und Sohn.
o (oder) wird vor o zu u: siete u ocho / sieben oder acht.

<u>Hinweis 1</u> Für die Buchstaben **b** und **v** gelten folgende Ausspracheregeln: Innerhalb von Wort und Satz werden sie wie ein w gesprochen (mit leicht aufeinander liegenden Lippen), am Satzbeginn wie ein deutsches b.

<u>Hinweis 2</u> Für den Buchstaben **d** gilt folgende Ausspracheregel: Innerhalb von Wort und Satz wird er wie ein stimmhaftes, gelispeltes s gesprochen, am Satzanfang wie ein deutsches d.

Vokalverbindungen

Wenn zwei Vokale nebeneinander stehen, werden beide Vokale einzeln ausgesprochen, z. B. Europa: e-uropa.

Betonung

Bei Wörtern, die auf einen <u>Vokal</u> enden, wird die <u>vorletzte Silbe</u> betont, z. B. Mallorca.

Bei Wörtern, die auf einen <u>Konsonant</u> enden, wird die <u>letzte Silbe</u> betont. Ausnahme: Bei Endung auf **s** und **n** wird die **vorletzte Silbe** betont.

Eine von den beiden Regeln <u>abweichende Betonung</u> wird durch einen <u>Akzent</u> auf dem betonten Vokal angezeigt, z. B. Málaga.

Der Akzent dient auch zur Unterscheidung gleich lautender Wörter, z. Bsp. mas (aber) más (mehr), si (wenn, ob) sí (ja) sólo (nur) solo (allein).

Aussprache des Alphabets

A a B be C the Ch tsche D de E e F efe G che H atsche I i J chota K ka L ele Ll eje M eme N ene Ñ enje O o P pe Q ku R erre RR erre dowle S ese T te U u V uwe W uwe dowle X ekis Y i griega Z theta

Abkürzungen

A Ableitung einer Grammatikregel
B Beispiel
F freiwilliges Lernprogramm
w weiblich
m männlich
Pl für Plural d.h. Mehrzahl
Sg für Singular d.h. Einzahl
R Regel

Lernen Sie bitte noch die <u>unterstrichenen</u> Wörter im Vokabular von <u>Abend</u> bis <u>Bett</u>.

Zweiter Tag

Wo ist der Bahnhof? Dónde está la estación?

Ort: Madrid
Tourist T, Passantin P
T Entschuldigen Sie, meine Dame. Perdone, señora (perdone senjora). Wo ist der Bahnhof 'Atocha'? Dónde está la estación 'Atocha' (donde_esta la_estathion atotscha)?
P Im Zentrum. En el centro (en el thentro).
T Kann man zu Fuß gehen? Se puede ir a pie (se puede_ ir a pie)?
P Es ist nicht möglich, zu Fuß zu gehen, da der Bahnhof 10 km entfernt ist. No es posible ir a pie porque la estación ha una distancia de diez kilómetros (no_es posible_ir a pie porke la_estathion a_una distanthia de dieth kilometros).
T Wie kommt man zum Bahnhof? Cómo se va a la estación (komo se wa_a la_estathion)?
P Um zur Bushaltestelle zu kommen müssen Sie immer geradeaus gehen bis zur Ampel, dann rechts abbiegen und die zweite Straße rechts nehmen. Para ir a la parada de autobús tiene que seguir todo recto hasta el semáforo después girar a la derecha y coger la segunda calle a la derecha (para_ir a la parada de_autowus tiene ke segir todo rekto_asta el semaforo despues chirar a la deretscha_i kocher la segunda kaje_a la deretscha). Um zur Metrostation zu kommen müssen Sie diesen Platz überqueren, dann geradeaus gehen bis zur Kreuzung und dann links abbiegen. Para ir a la estación de metro tiene que atravesar esta plaza y después seguir todo recto hasta el cruce y girar a la izquierda (para_ir a la_estathion de metro tiene ke_atrawesar esta platha_i despues segir todo recto_asta_el cruce_i chirar a la_iskierda).

T Welcher Bus fährt zum Bahnhof? Qué autobús va a la estación (ke_autowus wa_a la_estathion)?
P Sie müssen den Bus Nummer 6 nehmen. Tiene que coger el autobús número seis (tiene ke kocher el autowus numero seis).
T Wie viele Haltestellen sind es bis zum Bahnhof? Cuántas paradas quedan para la estación (kuantas paradas kedan para la_estathion)?
P Es tut mir leid, ich weiß es nicht. Lo siento, no lo sé (lo siento no lo se).
T Macht nichts. No importa (no_importa). Dann vielen Dank. Pues muchas gracias (pues mutschas grathias).

Das bestimmte Geschlechtswort

B Der Junge besucht die Freundin.
 El chico visita a **la** amiga (1).
Pl **Los** chicos visitan a **las** amigas (2).
A 4 Artikel: Sg: **el** (m) der, **la** (w) die
  Pl: **los** (m) die, **las** (w) die
Die Form des Geschlechtswortes (Artikels) wird durch Geschlecht (1) und Zahl (2) des Hauptworts bestimmt.
B Der Junge erwartet die Freundin vor dem Hotel neben dem Auto.
 El chico espera a la amiga delante (de el >) **del** hotel junto (a el >) **al** coche.
A Die Präposition **de** + **el** wird zu **del**.
 Die Präposition **a** + **el** wird zu **al**.
F Sind Sie Herr Schuhmacher?
 Es usted **el** señor Zapatero? (1)
 Nein, Herr Schuhmacher arbeitet am Samstag nicht.
 No, **el** señor Zapatero (2) no trabaja **el** sabado (3).
A Man verwendet den Artikel beispielsweise, wenn man eine Person nach dem Namen fragt (1) oder über eine Person spricht (2) und bei Zeitangaben (3).

Das unbestimmte Geschlechtswort

B Ein Junge besucht eine Ausstellung.
   Un chico visita **una** exposición.
Pl **Unos** chicos visitan **unas** exposiciones.
   Einige Jungen besuchen einige Ausstellungen.
A 4 Artikel: Sg: **un** (m) ein, **una** (w) eine
              Pl: **unos** (m) einige, **unas** (w) einige
   Der Plural des unbestimmten Artikels bezeichnet eine unbestimmte Menge.
F Sara ist *ungefähr* 20 Jahre alt.
   Sara tiene *unos* veinte años.
A Vor Zahlen bedeutet unos, -as: ungefähr.
B Bitte noch ein anderes Bier aber nur ein halber Liter /
   por favor, otra cerveza, pero sólo medio litro.
A Otro/a und medio/a stehen immer ohne den unbestimmten Artikel.

Begrüßung und Verabschiedung

Vor 12 Uhr: buenos días (buenos dias) guten Morgen.
Von 12 - 21 Uhr: buenas tardes (tardes) bedeutet bis 18 Uhr guten Tag, ab 18 Uhr guten Abend.
Von 21 - 6 Uhr: buenas noches (notsches) gute Nacht.
Hallo, wie geht's?   Hola qué tal (ola ke tal)?
Wie geht es Ihnen?   Cómo está usted (komo_esta_uste)
Sehr gut, danke, und Ihnen? Muy bien, gracias, y usted (mui wien grathias i_uste)?
Das ist meine Freundin Maria. Esta es mi amiga Maria.

Auf Wiedersehen	adiós (adios)
	hasta la vista (asta la wista)
bis gleich	hasta ahora (asta_aora)
bis nachher	hasta luego (luego)
bis morgen	hasta mañana (manjana)
bis bald	hasta pronto (pronto)

Die Grundzahlen

0 cero thero
1 uno **uno** / una **una**
2 dos
3 tres
4 cuatro kuatro
5 cinco thinko
6 seis seis
7 siete siete
8 ocho otscho
9 nueve nuewe
10 diez dieth
11 once onthe
12 doce dothe
13 trece trethe
14 catorce katorthe
15 quince kinthe
16 dieciséis diethiseis
17 diecisiete diethisiete
18 dieciocho diethiotscho
19 diecinueve diethinuewe
20 veinte beinte
21 veintiuno beinti**uno**
22 veintidos beintidos
23 veintitres beintitres
29 veintinueve beintinuewe
30 treinta treinta
31 treinta y uno treinta_i_**uno**
32 treinta y dos treinta_i dos
40 cuarenta kuarenta
50 cincuenta thinkuenta
60 sesenta sesenta
70 setenta setenta
80 ochenta otschenta
90 noventa nowenta
100 ciento thiento
101 ciento uno thiento_**uno**
102 ciento dos thiento dos
200 doscientos dosthientos
300 trescientos tresthientos
500 quinientos kinientos
1000 mil
2000 dos mil
1000000 un millón mijon

Ciento vor Hauptwörtern: cien. Alle Grundzahlen sind **m**.

Die Ordnungszahlen und Bruchzahlen

erste/r/s primer(o/a)
zweite/r/s segundo/a segundo
dritte/r/s tercer(o/a) terthero
vierte/r/s cuarto/a kuarto
fünfte/r/s quinto/a kinto
sechste/r/s sexto/a sesto
siebte/r/s sétimo/a
achte/r/s octavo/a oktawo
neunte/r/s nono/a nono
zehnte/r/s décimo/a dethimo

Bruchzahlen: ½ un medio / una media, 1/3 un tercio.
Von ¼ bis 1/10 sind die Bruchzahlen = Ordnungszahlen,
z. Bsp. ¼ un cuarto. Die weiteren Bruchzahlen bildet man
so: Grundzahl + Endung -avo > Bruchzahl, z. Bsp.
once (11) + -avo > un onzavo (1/11).

Datumsangabe

Im Spanischen werden die **Grundzahlen** verwendet.
Welches Datum haben wir heute? A qué día estamos hoy?
Heute ist der 7. Juli 2012 / hoy estamos a siete de julio de
dos mil doce (oi_estamos a siete de chulio de dos mil do-
the). Madrid, den 7. Juli / Madrid a siete de julio. Am 7.
Juli / el siete de julio.

Wie viel Uhr ist es? Qué hora es?

Bis 30 Minuten wird dazugezählt, dann von der nächsten
Stunde abgezogen. 1.00 Es la una 2.15 son las dos y cuarto
2.30 son las dos y media 2.40 son las tres menos veinte 2.45
son las tres menos cuarto 3.00 son las tres en punto.
6-12 Uhr: de la mañana, 12-21 Uhr: de la tarde, 21-6 Uhr:
de la noche. Um 8 Uhr morgens. A las ocho de la mañana.
**Lernen Sie bitte noch die unterstrichenen Wörter von
<u>bezahlen</u> bis <u>Eintrittskarte</u>.**

Dritter Tag

Der Streik. La huelga.

Bahnhof 'Puerta de Atocha' in Madrid
Tourist T, Angestellter A

T *delante de la ventanilla / vor dem Fahrkartenschalter*
Um wie viel Uhr fährt der Zug nach Granada? A qué hora sale el tren para Granada (a ke_ora sale_el tren para granada)?

A Ich weiß *es* nicht. No *lo* sé. Seit kurzer Zeit *haben wir* an Stelle des Fahrplans einen Streik. Desde hace poco tiempo en vez del horario *hemos* una huelga (desde_athe poko tiempo_en veth del orario_emos una_uelga).

T Was für ein Pech! Qué mal suerte (ke mal suerte)! Von welchem Bahnsteig fährt der Zug ab? De cuál andén sale el tren (de kual anden sale_el tren)?

A Vom Bahnsteig Nummer eins, Gleis zwei. Del andén número uno, vía dos (del anden numero_uno via dos).

T Muss ich umsteigen? Tengo que cambiar de tren (tengo ke kambiar de tren)?

A Ja, Sie müssen in Toledo umsteigen. Sí, tiene que cambiar de tren en Toledo (si tiene ke kambiar de tren en toledo).

T Kann ich den Anschlusszug nach Granada *nehmen*? Puedo *tomar* el enlace para Granada (puedo tomar el enlathe para granada)?

A Ja, Sie haben Anschluss an den Zug nach Granada. Sí, usted enlaza con el tren para Granada (usted enlatha kon el tren para granada).

T Wie lange dauert die Fahrt? Cuánto tiempo dura el viaje (kuanto tiempo dura_el wiache)?

A Normalerweise nur drei Stunden aber heute aufgrund des Streiks ungefähr sechs Stunden. Normalmente sólo

tres oras pero hoy por la huelga unas seis oras (normalmente solo tres oras pero_oi por la_uelga_unas seis oras).
T Gibt es einen Schlafwagen? Hay un coche cama (ai_un kotsche kama)?
A Ja, aber aufgrund des Streiks nur bis Toledo. Sí, pero por la huelga sólo hasta Toledo (si pero por la_uelga solo_asta toledo).
T Ich möchte gern einen Fensterplatz im Schlafwagen. Quisiera un asiento junto a la ventana en coche cama (kisiera_un asiento chunto_a la wentana_en kotsche kama). Eine Fahrkarte hin und zurück, die Rückfahrt bitte ohne Streik. Un billete de ida y vuelta, la vuelta sin huelga, por favor (um bijete de_ida_i wuelta la wuelta sin uelga por fawor).

Hauptwörter (Substantive)

B Der Junge und das Mädchen bevorzugen den Schlafwagen während der Nacht.
El chico y la chica prefieren el coche cama durante la noche.
A Geschlecht: Wörter auf -o sind meistens **m**, Wörter auf -a meistens **w**. Wörter auf -e können **m** oder **w** sein.
Im Spanischen gibt es **nur männliche und weibliche Hauptwörter.**
B Der Autor hat ein Buch geschrieben. Das Thema ist eine Fabel: Der Löwe und die Maus. El aut<u>or</u> ha escrito un libro. El te<u>ma</u> es una fábula: el le<u>ón</u> y el rat<u>ón</u>.
A Wörter auf **-or, -ma** und **-ón** sind **meistens männlich.**
B Das Mädchen besucht ein Mal die Ausstellung über die Jugend in der Stadt. La chica visita una v<u>ez</u> la exposi<u>ción</u> sobre la juvent<u>ud</u> en la ciud<u>ad</u>.
A Wörter auf **-ez, -ión, -ud** und **-ad** sind **meistens weiblich.**
R Wörter auf **-ista, -ante, -ente** können **männlich** oder

    weiblich sein, z. Bsp. tur**ista** / Tourist(in).
F Männliche Personenbezeichnungen bilden die weibliche Form, indem o durch a ersetzt wird (el chic**o** > la chic**a**). Endet die männliche Form auf einen Konsonant, wird a angefügt: español > española / Spanier(in).
Es gibt weibliche Wörter mit der männlichen Endung -o, z. Bsp. la mano / die Hand, la fotografia > la foto / das Foto, la radiofonia > la radio / das Radio, la motocicleta > la moto / das Motorrad. Es gibt auch männliche Wörter mit der weiblichen Endung -a, z. Bsp. el día / der Tag, el mapa / die Landkarte, el tranvía / die Tram.
Weibliche Wörter mit betontem -a am Wortanfang haben im Sg den männlichen Artikel, z. Bsp. das Wasser: **el** 'agua / Pl las aguas.
R Berge, Flüsse, Wochentage und Monate sind männlich.

Die Mehrzahl (Plural)

B chica / chica**s**, vez / ve**ces**, exposición / exposicio**nes**
A Den **Plural** bilden Wörter auf Vokal mit **-s,** Wörter auf -z mit **-ces** und Wörter auf Konsonant mit **-es**.
B Das Mädchen legt den Schirm in den Bus.
La chica pone el paraguas en el autobús.
Pl Las chicas ponen los paraguas (1) en los autobuses (2).
A Wenn ein Wort im Sg auf -s endet, gibt es zwei Möglichkeiten: bei unbetonter Endsilbe ist es im Pl gleich (1), bei betonter Endsilbe wird im Pl -es angehängt (2).
F Manche Hauptwörter können im Pl eine andere Bedeutung haben, z. Bsp. el padre / der Vater, los padres / die Eltern, el hijo / der Sohn, los hijos / die Kinder.

Bildung der Fälle des Hauptworts (Deklination)

Wesfall (Genitiv): del libro/des Buches de la mujer/der Frau
Wemfall (Dativ): al libro/dem Buch a la mujer/der Frau
Wenfall (Akkusativ): el libro/das Buch **a** la mujer/die Frau
R Bei Lebewesen steht **a** vor dem Wenfall!

Wochentage

Welcher Tag ist heute? Que día es hoy?
Montag   lunes lunes
Dienstag   martes martes
Mittwoch   miércoles mierkoles
Donnerstag jueves chuewes
Freitag   viernes biernes
Samstag   sábado sawado
Sonntag   domingo domingo

Monate

Januar enero enero   Juli julio chulio
Februar febrero fewrero   August agosto agosto
März marzo martho   September septiembre septiembre
April abril awril   Oktober octubre oktuwre
Mai mayo majo   November noviembre nowiembre
Juni junio chunio   Dezember diciembre dithiembre

Jahreszeiten

Frühling primavera f   Sommer verano m
Herbst otoño m   Winter invierno m

F Wichtige Formulierungen

wann ist der/die/das nächste: cuándo es el/la proximo/a ...
wann fährt ab / kommt an: cuándo sale / llega ...
wann wird geöffnet / geschlossen: cuándo abren / cierran ...
wann beginnt: cuándo empieza ... Ab wie viel Uhr ist Einlass? A partir de qué hora se puede entrar?
Wann ist dein Geburtstag? Cuándo es tu cumpleaños?
Lernen Sie bitte noch die unterstrichenen Wörter von Eintrittspreis bis Führung.

Vierter Tag

Die Panne. La avería.

Ort: Madrid
Tourist T, Passantin P, Angestellter A, Mechaniker M

T Entschuldigen Sie, meine Dame, wo ist die am nächsten gelegene Garage? Disculpe señora, dónde está el garaje más cercano (diskulpe senjora donde_esta_el garache mas therkano)?

P (*lachend / riendo*) Direkt hinter Ihnen. Justo detrás de usted (chusto detras de_uste).

A Hallo, was gibt's? Hola, qué hay (ola ke_ai)?

T Wie ärgerlich, mein Auto hat eine Panne. Qué rabia, mi coche se ha averiado (ke rrawia mi kotsche se_a_aweriado). Können Sie einen Blick darauf werfen? Puede echar un vistazo (puede_etschar um bistatho)? Es hat angehalten und springt *nicht mehr* an. Se ha parado y *ya no* arranca (se_a parado_i ja no_arranka).

A Wo hat es angehalten? Dónde se ha parado (donde se_a parado)?

T Direkt vor der Garage. Justo delante del garaje (chusto delante del garache).

A Recht so, ein gutes Auto. Bien hecho, un buen coche (bien etscho um buen kotsche). Den Autoschlüssel bitte. La llave del coche por favor (la jawe del kotsche por fawor). Während mein Mechaniker das Auto kontrolliert, können Sie einen Kaffee *trinken*. Mientras mi mecánico controla el coche, usted puede *beber* un café (mientras mi mekaniko kontrola_el kotsche uste puede wewer un kafe).

Der Mechaniker kommt nach fünf Minuten zurück. El mecánico regresa después de cinco minutos.

T Warum springt das Auto nicht an? Por qué el coche no

arranca (por ke_el kotsche no_arranka)?
M Raten Sie! Adivine (adiwine).
T Funktioniert die Zündung nicht? El contacto no funciona (el kontakto no funthiona)?
M Nein. No.
T Ist die Batterie leer? La batería está vacía (la wateria_esta wathia)?
M Nein, aber der Benzintank ist leer. No, pero el depósito de gasolina está vacío (no pero_el deposito de gasolina_ esta wathio).

Eigenschaftswörter (Adjektive)

B Der Sohn erbt ein teueres Auto und ein teueres Haus.
El hijo hereda un coche <u>caro</u> y una casa <u>cara</u> (1).
Pl Los hijos heredan unos coches <u>caros</u> y unas casas <u>caras</u> (2).
A Adjektive auf -o: meist **m**, Adjektive auf -a: meist **w**
Adjektive, die in der männlichen Form auf -o enden, bilden die weibliche Form auf -a (1).
<u>Geschlecht (1) und Zahl (2) des Eigenschaftswortes werden durch das zugehörige Hauptwort bestimmt.</u>
B Der deutsche Junge ist arbeitsam, der spanische Junge ist fröhlich und glücklich.
El chico alemán (1) es trabajador (2), el chico español es <u>alegre</u> y <u>feliz</u> (3).
La chica alemana es trabajadora, la chica española es <u>alegre</u> y <u>feliz</u>.
A Nationalitätsadjektive auf Konsonant (1) und Adjektive auf -or (2) bilden die weibliche Form durch Anhängen von **-a**. <u>Bei Adjektiven auf e oder Konsonant ist die männliche und weibliche Form gleich (3)</u>. Gleich (spanisch: **igual**) ist sie auch bei Adjektiven, die in der männlichen Form auf **-i**, **-u** und **-a** enden.
B Der Junge und das Mädchen sind sympathisch.
El chico y la chica son sympaticos.

A Bezieht sich das Adjektiv auf <u>Personen mit verschiedenem Geschlecht</u>, verwendet man die <u>männliche Form des Adjektivs</u>.

Die Pluralbildung

R Die Adjektive bilden den Plural in gleicher Weise wie die Hauptwörter.

Stellung des Adjektivs

R <u>Die Adjektive stehen im Regelfall hinter dem Hauptwort. </u>Es gibt jedoch Ausnahmen, z. Bsp.
Ich habe viel Durst und wenig Geld;
ein anderes Bier, aber nur ein halber Liter.
Tengo mucho sed y poco dinero;
otra cerveza pero sólo medio litro.

R Folgende Adjektive stehen meistens vor dem Hauptwort: mucho (viel) poco (wenig) otro (anderer) medio (halber). Außerdem tanto (so viel) bueno (gut) mejor (besser) malo (schlecht) peor (schlechter), Adjektive in Grußformeln (z. Bsp. buenos días / guten Tag) und in Wünschen (z. Bsp. feliz navidad / frohe Weihnachten).

F Ordinalzahlen können vor oder hinter dem Hauptwort stehen, z. Bsp. erster Teil, erstes Kapitel / primera parte, capítulo primero.

Verkürzungen

B Ein schlechter Tag ist kein Problem; ich trinke nicht irgendeinen Wein sondern einen guten Wein.
Un **mal** día no es **ningún** problema;
no bebo **algún** vino pero un **buen** vino.

A <u>Vor einem männlichen Hauptwort im Sg </u>werden manche Adjektive verkürzt, z. Bsp.
schlecht / malo > **mal**   kein / ninguno > **ningún**
irgendein / alguno > **algún**   gut / bueno > **buen**

F Er ist ein **großer** Mann aber kein **bedeutender** Mann.
Él es un hombre **grande** pero no un **gran** hombre.
Sie ist keine **große** Frau aber eine **bedeutende** Frau.
Ella no es una mujer **grande** pero una **gran** mujer.
A Das Adjektiv **grande** kann zu **gran** verkürzt werden.

Ausdruck der Gleichheit
B Laura verdient ebensoviel Geld wie David.
Laura gana **tanto** dinero **como** David.
Laura ist ebenso reich wie David.
Laura es **tan** rica **como** David.
A **Tanto** wird vor Eigenschafts- und Umstandswörtern zu **tan** verkürzt.

Komparativ und relativer Superlativ
B A es guapa. A ist schön.
B es **más guapa** que A (1). B ist schöner als A.
C es **la más guapa** (2). C ist die Schönste.
D es **menos guapa** que A (3). D ist weniger schön als A.
D es **la menos guapa** (4). D ist die am wenigsten Schöne.
A Den Komparativ bildet man mit más + Adjektiv (1) bzw. menos + Adjektiv (3).
Den relativen Superlativ bildet man so:
bestimmter Artikel + Komparativ (2+4).
R Vor Zahlwörtern wird 'mehr als' mit más de übersetzt, z. Bsp. mehr als 1000 Euro / más de 1000 Euros.

Der absolute Superlativ
B E ist außerordentlich schön.
E es **muy guapa** (1). E es guap**ísima** (2).
A Der absolute Superlativ kann durch muy + Adjektiv gebildet werden (1) oder indem man isimo/a an das Adjektiv anhängt. Bei Adjektiven, die auf einen Vokal enden, wird dieser durch isimo/a ersetzt (2).

F Stellung von muy und mucho

B Eva schminkt sich sehr gut. Eva se pinta muy bien (1).
Deshalb ist sie sehr schön. Por eso es muy guapa (2).
A Muy steht vor Adverb (1) oder Adjektiv (2).
B Eva hat viele Verehrer. Eva tiene muchos admiradores (1). Sie gefällt mir sehr / Ella me gusta mucho (2).
Gefällt dir Eva? Ja, sehr. Eva te gusta? Sí, mucho (3).
A Mucho steht vor dem Hauptwort, wenn es als Adjektiv verwendet wird (1) oder hinter dem Verb, wenn es als Adverb verwendet wird (2) oder allein (3).

Unregelmäßige Steigerung

	Komparativ	Superlativ
viel / mucho	más	ohne Superlativ
wenig / poco	menos	ohne Superlativ
gut / bueno	mejor	el / la / lo mejor
schlecht / malo	peor	el / la / lo peor
groß / grande	mayor	el / la / lo mayor
klein / pequeño	menor	el / la / lo menor

Mayor und menor werden häufig für Altersangaben verwendet, z. Bsp.
Laura ist jünger als David / Laura es menor que David.

F Wichtige Formulierungen

Wie kommt man nach / cómo se va a …?
Wie weit ist es nach / a qué distancia está …?
… ist entfernt / … ha una distancia de …
Wie lange dauert / cuánto tiempo dura …?
wie viel kostet … pro Stunde: cuánto es, cuánto cuesta / vale … por hora?
Lernen Sie bitte noch die unterstrichenen Wörter von Fuß bis Hand.

Fünfter Tag

Erste Begegnung. Primer encuentro.

Marktplatz in Las Palmas de Gran Canaria. Vor einem Hotel. Neben dem Eingang: zwei Koffer.
Eine Touristin F, ein Tourist M

M Gefällt es *Ihnen* hier? Le gusta aquí (le gusta_aki)?
F Ja, es gefällt *mir* sehr. Sí, me gusta mucho (si me gusta mutscho).
M Woher sind Sie und wo wohnen Sie? De dónde es y dónde vive (de donde_es i donde wiwe)?
F Ich bin aus Spanien und wohne in Madrid. Soy de España y vivo en Madrid (soi de_espanja_i wiwo_en madrid).
M Welche Überraschung, ich auch. Qué sorpresa yo también (ke sorpresa jo tambien). Was machen Sie beruflich? A qué se dedica (a ke se dedika)?
F Ich bin *noch* Studentin. *Todavía* soy estudiante (todavia soi_estudiante).
M Ich auch. Yo también. Ich heiße Diego. Me llamo Diego (me jamo diego). Und wie heißen *Sie*? Y *usted* cómo se llama (i_uste komo se jama)?
F Ich bin Carmen. Soy (soi) Carmen. Sehr erfreut. Encantada (enkantada).
M Haben Sie ein gutes Hotel *gefunden*? Ha *encontrado* un buen hotel (a_enkontrado_um buen otel)?
F Ja, das dort ist mein Hotel. Sí, aquél es mi hotel (akel es mi_otel).
M Welche Überraschung, ich bin auch in diesem Hotel. Qué sorpresa, estoy también en aquel hotel (ke sorpresa estoi tambien en akel otel). Sind Sie mit der Familie *hier*? Está *aquí* con la familia (esta_aki kon la familia)?
F Nein, ich bin allein. No, estoy sola (no estoi sola).

M Ich auch. Yo también (jo tambien). Ich bin *heute* angekommen. *Hoy* he llegado (oi_e jegado). Wann sind Sie angekommen? Cuándo ha llegado (kuando_a jegado)?
F Vor einer Woche. Hace una semana (athe_una semana).
M Bis wann bleiben Sie? Hasta cuándo se queda (asta kuando se keda)?
F Ich reise gerade ab. Estoy saliendo (estoi saliendo). Dort sind meine Koffer. Aquellas son mis maletas (akejas son mis maletas). Ich warte gerade auf den Taxifahrer, um zum Flughafen zu *fahren*. Estoy esperando al taxista para *ir* al aeropuerto (estoi_esperando_al taksista para_ir al aeropuerto).
M Wie schade! Qué lástima (ke lastima)! Können wir *uns* in Madrid treffen? Podemos encontrar*nos* en Madrid (podemos enkontrarnos en madrid)? Würden Sie gern ins Kino gehen? Le gustaría ir al cine (le gustaria_ir al thine)?
F Ich interessiere mich nicht für das Kino. No me intereso por el cine (no me_intereso por el thine).
M Hätten Sie Lust, in eine Diskothek zu gehen? Le apetecería ir a una discoteca (le_apetetheria_ir a_una diskoteka)?
F Nein. No.
M Womit beschäftigen Sie sich in Ihrer Freizeit? Qué hace en su tiempo libre (ke_athe_en su tiempo liwre)?
F Mir gefällt die Musik. Me encanta la música.
M Welche Art von Musik bevorzugen Sie? Qué tipo de música prefiere (ke tipo de musika prefiere)?
F Ich habe eine Vorliebe für die Oper. Tengo afición por la ópera (tengo_afithion por la_opera).
M Ich auch. Yo también. Haben Sie am 6. September Zeit? Tiene tiempo el seis septiembre (tiene tiempo_el seis septiembre)?
F Einen Moment, bitte. Un momento (un momento). Ich muss einen Blick in meinen Kalender werfen. Tengo

que echar una mirada a mi agenda (tengo ke_etschar una mirada_a mi_achenda). Ja, der Abend ist frei. Sí, la tarde es libre (si la tarde_es liwre).
M *nimmt sein Handy und wählt eine Nummer / prende su movíl y marca un número de teléfono*
Hallo? Diga? Was wird am 6. September in der Oper gespielt? Qué ponen en la ópera el seis septiembre (ke ponen en la_opera_el seis septiembre)? Oh, eine Premiere. Oh, un estreno (un estreno). Wer ist der Solist? Quién es el solista (kien es el solista)? Oh, Placido Domingo. Ich möchte zwei Parkettplätze reservieren. Quería reservar dos butacas (keria reservar dos butakas).
F Was wird gespielt? Qué ponen (ke ponen)?
M (*lächelnd / sonriendo*) Die Hochzeit des Figaro. Las bodas de Figaro (las bodas de figaro).

Das Umstandswort (Adverb)

B Der schnelle Junge arbeitet schnell.
El chico rápido trabaja rápidamente.
A Das Adverb wird so gebildet:
<u>weibliche Form des Adjektivs + mente</u>
rápido > <u>rápida</u> > <u>rápidamente</u>
Der Akzent des Adjektivs bleibt beim Adverb erhalten.
R Das Adverb ist <u>unveränderlich</u>

Steigerung des Adverbs

Adverb	Komparativ	Superlativ
rápidamente	más rápidamente	lo más rápidamente
schnell	schneller	am schnellsten

Unregelmäßige Adverbien

gut (schlecht) / bueno (malo) Adverbien: bien / (mal)

Gegensätzliche Begriffe
alt / jung viejo / joven; billig / teuer barato / caro; breit / schmal ancho / estrecho; draußen / drinnen / fuera / dentro; erster / letzter primer(o) / último; frei / besetzt libre / ocupado; früh / spät pronto / tarde; gut / schlecht buen(o) / mal(o); groß / klein gran(de) / pequeño; hart / weich duro / mullido; hell / dunkel claro / oscuro; heiß / kalt caliente / frío; hier / dort aquí / allá; hoch / niedrig alto / bajo; hinten / vorne detrás / delante; leicht / schwierig fácil / difícil; leicht / schwer ligero / pesado; lang / kurz largo / corto; links / rechts a la izquierda / a la derecha; laut / leise fuerte / silencioso; nach / vor después de / antes de; nah / weit cercano / lejos; oben / unten arriba / abajo; offen / geschlossen abierto / cerrado; richtig / falsch correcto / falso; schnell / langsam rápido / lento; schön / hässlich bello / feo; schwarz / weiß negro / blanco; stark / schwach fuerte / débil; süß / sauer dulce / ácido; trocken / nass seco mojado; über / unter sobre / debajo de; viel / wenig mucho poco; voll / leer lleno / vacío; vorwärts / rückwärts adelante atrás; vorher / nachher antes / después.

F Verwendung des neutralen Artikels lo / das
Allein stehend: eso es lo que he buscado / das ist das, was ich gesucht habe.
Lo steht vor Eigenschafts-, Für- und Zahlwörtern, z. Bsp. lo bueno / das Gute, lo mío / das Meine, lo primero / das Erste.

F Wichtige Formulierungen
wo ist (gibt es) / dónde está (hay) …?
wo ist der (die, das) nächst gelegene / dónde está el (la) … más cercano/a? Wo findet statt / dónde tiene lugar …?
wo treffen wir uns / dónde quedamos?
wo bekomme ich / dónde puedo encontrar …?
Lernen Sie bitte noch die Wörter von Handtuch bis Liegestuhl.

Sechster Tag

Das Hochzeitskleid. El traje de novia.

Kaufhaus in Madrid
Carmen C, Verkäuferin V

V Kann ich *Ihnen* helfen? Le puedo ayudar (le puedo_ajudar)?
C Ich suche ein Hochzeitskleid. Estoy buscando un traje de novia (estoi wuskando_un trache de nowia).
V Welche Größe haben Sie? Qué talla tiene (ke taja tiene)?
C Ich habe die Größe vierzig. Tengo la talla cuarenta (tengo la taja kuarenta).
V Können Sie das Hochzeitskleid beschreiben, welches sie wünschen? Puede describir el traje de novia que desea (puede deskriwir el trache de nowia ke desea)?
C Ich wünsche ein elegantes und traditionelles Kleid. Deseo un vestido elegante y tradicional (deseo_um bestido_elegante_i tradithional).
V Welche Farbe? De qué color (de ke kolor)?
C Ich möchte ein weißes Kleid. Quería un vestido blanco (keria_um bestido wlanko).
V Hier bitte. Aquí tiene (aki tiene). Dieses ist sehr elegant, nicht wahr? Este es muy elegante, no (este_es mui_elegante no)?
C Das ist wahr. Es verdad (es werdad). Ich werde *es an*probieren. Voy a probar*lo* (voi_a prowarlo).
V Sehr gern. Con mucho gusto (con mutscho gusto). Hier sind die Ankleidekabinen. Aquí están los probadores (aki_estan los prowadores).
C *steht vor dem Spiegel und betrachtet glücklich ihr Spiegelbild / está de pie delante del espejo y mira feliz su imagen refleja* Es steht mir gut. Me queda bien (me keda wien). Dieses Kleid ist ein Traum. Este vestido es

un sueño (este westido_es un suenjo). Was kostet dieser Traum? Qué precio tiene este sueño (ke prethio tiene_ este suenjo)?
V Zweitausend Euro. Son dos mil euros (son dos mil euros).
C Wie schade. Qué pena (ke pena). Ich kann nicht mehr als tausend Euro *ausgeben*. No puedo *gastar* más de mil euros (no puedo gastar mas de mil euros).
V Einen Moment bitte. Un momento por favor (un momento por fawor). Ich werde mit dem Abteilungsleiter telefonieren. Voy a telefonear al jefe de sección (voi_a telefonear al chefe de segthion).
nach dem Telefongespräch / después de la llamada telefónica Sie können das Kleid für eintausend und fünfhundert Euro kaufen. Puede comprar el vestido por mil quinientos euros (puede comprar el vestido por mil kinientos euros).
C OK, einverstanden. Vale, de acuerdo (bale de_akuerdo).

Regelmäßige Konjugation
1. Gruppe: Verbstamm + **Endung** -**ar**: am-ar / lieben
2. Gruppe: Verbstamm + **Endung** -**er**: com-er / essen
3. Gruppe: Verbstamm + **Endung** -**ir**: viv-ir / leben
<u>Der Verbstamm ist das, was übrig bleibt, wenn man die Endung des Verbs streicht.</u>
F Die Aussprache des Verbstamms ist <u>unveränderlich</u>. Deshalb muss die Schreibweise verändert werden, damit die gleiche Aussprache erhalten bleibt, z. Bsp. fordern / exig-ir (eksi**ch**ir); ich fordere: nicht exig-o (eksigo), da g vor o als g ausgesprochen wird sondern exi**j**-o (eksi**ch**o) da j wie ch ausgesprochen wird.

Gegenwart (Präsens)
Ich liebe ... am-o, am-**as**, am-**a**, am-**amos**, am-**áis**, am-**an**
Von den Endungen der -ar Gruppe kann man die Endungen

der -er Gruppe ableiten, **indem man das a durch e ersetzt.**
Ich esse ... com-o, com-es, com-e, com-emos, com-éis, com-en
Von den Endungen der -er Gruppe kann man die Endungen der -ir Gruppe ableiten, **indem man in der 1. und 2. Pers. Pl das e durch i ersetzt.**
Ich lebe ... viv-o, viv-es, viv-e, viv-imos, viv-ís, viv-en
Alle 3 Gruppen haben in der 1. Pers. Sg die Endung -o und in der 2. Pers. Pl die Endung mit einem Akzent.

Vergangenheit (Imperfekt)
Das Imperfekt wird so gebildet:
-ar Gruppe: <u>Verbstamm</u> + **ab** + Imperfekt Endungen
-er und -ir Gruppe: <u>Verbstamm</u> + **í** + Imperfekt Endungen.
Von den Präsens Endungen der -ar Gruppe kann man die Imperfekt Endungen ableiten, **indem man in der 1. Pers. Sg das o durch a ersetzt** und in der 2. Pers. Pl den Akzent streicht: **-a, -as, -a, -amos, -ais, an**
ich liebte / am-**ab**-a, ich aß / com-í-a, ich lebte / viv-í-a
F Unregelmäßige Imperfektformen:
sein / ser: er + Imperfekt Endungen   er-a ...éramos ...
gehen / ir: ib + Imperfekt Endungen   ib-a ...íbamos ...
sehen / ver: veí + Imperfekt Endungen

F <u>Verwendung des Imperfekts</u>
1. <u>Für sich wiederholende Handlungen</u>, häufig nach folgenden Wörtern: siempre / immer, todos los días / jeden Tag, z. Bsp. Früher spielte Laura jeden Tag Tennis. Antes Laura todos los días jugaba al tenis.
2. <u>Zur Beschreibung von Personen und Sachen</u>, z. Bsp. Sie war sehr sportlich. Era muy deportiva. Ihr Pokal war aus Gold. Su copa era de oro.
3. <u>Für zeitlich parallel verlaufende Handlungen</u>, z. Bsp. Während Laura am Wochenende Tennis spielte, spielte ihr Bruder Carlos Fußball. Mientras Martina jugaba al tenis el

fin de semana, su hermano Carlos jugaba al fútbol.
4. <u>Für die Beschreibung einer Situation, die den Hintergrund für eine neu eintretende Situation bildet</u>. Die neu eintretende Situation steht im Perfekt oder Indefinido (siehe S. 32), häufig nach den Wörtern entonces / dann, de repente plötzlich, de pronto / auf einmal, enseguida / sofort, z. Bsp. Während Carlos Fußball spielte, begann es plötzlich zu regnen. Mientras Carlos jugaba al fútbol, de repente ha empezado a llover.

Bedingungsform (Konditionalform)

Die Bedingungsform wird so gebildet:
<u>Infinitiv</u> + **í** + Imperfekt Endungen
ich würde lieben / amar-í-a , ich würde essen / comer-í-a
ich würde leben vivir-í-a, í-as, í-a, í-amos, í-ais, í-an
Man verwendet die Bedingungsform zur <u>Äußerung einer Bitte,</u> z. Bsp. Podría ayudarme? Könnten Sie mir helfen? oder zum <u>Ausdruck eines Wunsches</u>, z. Bsp. Me gustaría ver Granada. Ich würde gern Granada sehen.

Zukunft (Futur)

Die Zukunftsform wird so gebildet:
<u>Infinitiv</u> + Futur Endungen
Von den Imperfekt Endungen kann man die Futur Endungen ableiten, **indem man in der 1. Pers. Sg sowie der 1. und 2. Pers. Pl das -a durch -e ersetzt.** Danach setzt man auf alle Endungen einen Akzent (außer 1. Pers. Pl):
-**é**, -**ás**, -**á**, -**emos**, -**éis**, -**án**
ich werde lieben / amar-**é**
ich werde essen / comer-**é**
ich werde leben / vivir-**é**

Als <u>alternative Futurform</u> verwendet man <u>ir a + Infinitiv</u>, z. Bsp. Voy a viajar para Madrid. Ich werde nach Madrid reisen.

F Unpersönliche Verbformen
Es gibt, da ist, da sind / hay (die unpersönliche Verbform von haber / haben). Gibt es hier eine Bar / hay un bar aquí ? Wenn vor dem Hauptwort der bestimmte Artikel oder ein Demonstrativ- bzw. Possessivpronomen steht, wird estar statt hay verwendet (die Bar ist dort / el bar está allá).
Lust haben auf / apetecer: Ich habe Lust auf ein Bier. Me apetece una cerveza. Gefallen / gustar: Ich würde gern einige Tapas essen. Me gustaría comer unas tapas. Scheinen / parecer: Ich finde, dass die Tapas gut sind. Me parece que las tapas sean buenas.
Verben, die das Wetter beschreiben: Es ist schönes Wetter. Hace buen tiempo. Die Sonne scheint. Hace sol. Es ist warm. Hace calor. Es hat 30 Grad. Hace treinta grades. Es ist kalt. Hace frío. Es ist windig. Hace viento. Es regnet / llueve. Es schneit / nieva.

Das Perfekt

Das Perfekt wird so gebildet:
Präsens des Hilfsverbs haber / haben
+ **Partizip Perfekt des Verbs**
Die Präsens Endungen von haber sind (abgesehen vom Akzent) identisch mit den Futur Endungen.
Das Partizip Perfekt wird so gebildet:
Verben auf -ar: Verbstamm + **-ado**
Verben auf -er und -ir: Verbstamm + **-ido**
    he a**mado** / ich habe geliebt
    has co**mido** / du hast gegessen
    ha vi**vido** / er hat gelebt
    hemos a**mado** / wir haben geliebt
    hab**éis** co**mido** / ihr habt gegessen
    han vi**vido** / sie haben gelebt
A   Das Partizip Perfekt ist unveränderlich.
     Haber und Partizip stehen immer direkt nebeneinander.
F   Der folgende Satz enthält 7 wichtige Verben, die das

Partizip Perfekt unregelmäßig bilden:
Ich bin in der Buchhandlung <u>gewesen</u> und habe folgendes <u>gesehen</u>: Der Autor hat das Buch <u>geöffnet</u>, welches er <u>geschrieben</u> hat und <u>gesagt</u>: „Aus diesem Buch habe ich einen Bestseller <u>gemacht</u>, damit man sich an mich erinnert, wenn ich <u>gestorben</u> bin".
sein / ser: **sido**, sehen / ver: **visto**, öffnen / abrir: **abierto**, schreiben / escribir: **escrito**, sagen / decir: **dicho**, machen / hacer: **hecho**, sterben / morir: **muerto**

F Verwendung des Perfekts

1. <u>für Ereignisse der Vergangenheit, deren Zeitpunkt nicht näher bestimmt wird,</u> oft nach den Wörtern:
   nunca / nie, una vez / einmal, muchas veces / oft, todavía no / noch nicht, z. Bsp. Ich bin nie in Spanien gewesen. Nunca he sido en España. Sind Sie einmal in Spanien gewesen? Ud. una vez ha sido en España?
2. <u>für Handlungen und Ereignisse in einem Zeitraum, der sich bis zur Gegenwart erstreckt,</u> oft nach den Wörtern:
   hoy / heute, esta semana / in dieser Woche, este mes / in diesem Monat, este año / in diesem Jahr, z. Bsp. In diesem Jahr bin ich zwei Mal in Spanien gewesen. Este año he sido dos veces en España.

R <u>Das Passiv wird so gebildet</u>: ser + Partizip Perfekt,
z. Bsp. Das Brot wird verteilt. El pan es repartido.

Historische Vergangenheit (Indefinido)

am-**é**	com-í	viv-í	<u>am-amos</u>	com-imos	<u>viv-**imos**</u>
am-aste	com-**iste**	viv-iste	am-asteis	com-isteis	viv-**isteis**
am-**ó**	com-ió	viv-ió	am-aron	com-ieron	viv-**ieron**

<u>Bei den Verben auf -ar und -ir ist die 1.Pers. Pl identisch mit der 1. Pers. Pl Präsens.</u>

F Ir / gehen und ser / sein haben dieselben Formen:
 fui, fuiste, fue, fuimos, fuisteis, fueron.

Bei **unregelmäßigen Verben** ändert sich der Verbstamm, die **Endungen** sind immer: **-e, -iste, -o, imos, -isteis, -ieron** (siehe fettgedruckte Formen auf S. 32, jedoch ohne Akzent) z. Bsp. haben / tener: tuv-**e**, tuv-**iste**, tuv-**o**, tuv-**imos**, tuv-**isteis**, tuv-**ieron**.
kommen: venir > vine, können : poder > pude, legen: poner > puse, machen: hacer > hice, sein: estar > estuve, wollen: querer > quise, wissen: saber > supe, bringen: traer > traje sagen: decir > dije
Bei geben / dar und sehen / ver hängt man an den Verbstamm die gleichen Endungen wie für vivir an (jedoch ohne Akzent !): d-i, d-iste, d-io ...; v-i, v-iste, v-io ...

F Verwendung des historischen Perfekts

Für Handlungen oder Ereignisse, die zu einem bestimmten Zeitpunkt oder innerhalb eines abgeschlossenen Zeitraums in der Vergangenheit statt gefunden haben, häufig mit folgenden Signalwörtern: ayer / gestern, la semana pasada / vergangene Woche, el año pasado / im vergangenen Jahr.
B Im vergangenen Jahr reiste ich am 1. Mai nach Madrid; von Mai bis Oktober lebte ich dort. El año pasado viajé el primero de majo para Madrid; desde majo hasta septiembre viví allí.

Das Gerund

-ar Gruppe: Verbstamm + **ando**
-er und -ir Gruppe: Verbstamm + **iendo**
Laura spricht gerade (ist sprechend) / Laura está habl**ando**.
David isst gerade (ist essend) / David está com**iendo**.
Laura und David gehen gerade aus (sind ausgehend) / Laura y David están sal**iendo**.
A Mit estar + Gerund beschreibt man Handlungen, die gerade geschehen.
R Das Gerund ist unveränderlich.

F Die Befehlsform (Imperativ)

3. P. Sg Präsens	Imperativ	1. P. Sg Konjunktiv
habla er spricht	habla sprich!	hable
come er isst	come iß!	coma
vive er lebt	vive lebe!	viva

Im Spanischen gibt es nur 2 eigenständige Formen des Imperativs: die Du-Form und die Ihr-Form.
Die Du-Form ist identisch mit der 3. Pers. Sg Präsens
z. Bsp. Habla / er spricht und sprich!
Die Ihr-Form kann man vom Infinitiv ableiten, indem man r durch d ersetzt, z. Bsp. hablar > hablad sprecht!
Vom Indikativ Präsens kann man den Konjunktiv Präsens ableiten, indem man die Endungen a und e vertauscht (siehe obige Tabelle). Wenn die 1. Pers. Sg Konjunktiv auf -e bzw. auf -a endet sind die Endungen ab der 2. Person identisch mit den Präsens Endungen der -er Gruppe: -es, -e ... bzw. der -ar Gruppe: -as, -a ...
Abgesehen von den 2 eigenständigen Formen des Imperativs sind alle übrigen Formen des bejahten Imperativs sowie alle Formen des verneinten Imperativs identisch mit dem Konjunktiv Präsens, z. Bsp. Sprechen Sie! Hable Ud. Essen Sie! Coma Ud. Essen wir! Comamos. Sprich nicht! No hables. Sprecht nicht! No habléis (Imperativ im Spanischen ohne Ausrufezeichen).
Der Konjunktiv (spanisch: subjuntivo) drückt die subjektive Ansicht des Sprechers aus und wird meist in Nebensätzen nach que (dass) verwendet, z. Bsp. Ich hoffe, dass das Wetter gut ist. Espero que haga (Konjunktiv von hacer / machen) buen tiempo.
R Das **Fürwort** steht beim verneinten Imperativ vor dem Imperativ: Hilf mir nicht! No **me** ayudes. Beim bejahten Imperativ wird es angehängt: Hilf mir! Ayúda**me**.
R Viele Spanier benutzen den Infinitiv als Imperativ, z.Bsp. Lernen Sie jetzt bitte! Ahora estudiar, por favor.

Sein (ser, estar) und gehen (ir)

ser: Ich bin, du bist ... **Soy, eres, es, somos, sois, son**
estar: Ich bin ... **Estoy, estás, está, estamos, estáis, están**
ir: Ich gehe ... **voy, vas, va, vamos, vais, van**
A Estar und ir ab 2. Pers. Sg: abgesehen vom Akzent gleiche Endungen wie das Präsens der -ar Gruppe.

Gebrauch von estar und ser

B David ist im Hospital. Er fühlt sich sehr schlecht, weil er krank ist. David está en el hospital (1). Está muy mal (2) porque está enfermo (3).
A **Estar** verwendet man um anzuzeigen, wo sich jemand / etwas befindet (1), wie sich jemand fühlt (2) und bei vorübergehenden Zuständen (3). Außerdem bei der Bewertung von Speisen und Getränken.
B Das ist Placido. Er ist Sänger, er ist groß und sehr musikalisch. Este es Placido (1). Es cantante (2), es grande (3) y muy músico (4).
A **ser** verwendet man zur Angabe von Namen (1), Beruf (2), äußeren Merkmalen (3) und dauerhaften Eigenschaften (4). Ferner mit der Präposition **de** zur Angabe von Besitz, Material, Herkunft und Nationalität (s. S. 58).

F Wichtige Formulierungen

Kann ich / man: puedo / se puede ... hier parken / aparcar aquí, benutzen / usar, die Koffer hier lassen / dejar las maletas aquí, das Wasser trinken / beber el agua, Fotos machen / sacar fotos. **Können / könnten Sie mir: me puede / podría** ... bestellen / pedir, bringen / llevar, geben / dar, empfehlen recomendar, erklären / explicar, helfen / ayudar, leihen / prestar, sagen / decir.
Lernen Sie bitte noch die Wörter von Likör bis Party.

Siebter Tag

La luna de miel. Die Hochzeitsreise.

Flughafen Madrid - Barajas
Carmen C, Diego D, Angestellter A

D A qué hora sale el avión chárter para París (a ke_ora sale_el awion tscharter para paris)? Wann startet das Charterflugzeug nach Paris?

A Tienen aún un poco de tiempo (tienen aun um poko de tiempo). Sie haben noch etwas Zeit. El avión sale a las nueve (el awion sale_a las nueve). Das Flugzeug startet um neun Uhr.

C A qué hora llega el avión a París (a ke_ora jega_el awion a paris)? Um wie viel Uhr kommt das Flugzeug in Paris an?

A Si el avión sale en punto, la llegada es a las once (si_el awion sale_en punto la jegada_es a las onthe). Wenn das Flugzeug pünktlich startet, ist die Ankunft um 11 Uhr. *Ustedes* viajan a París por primera vez (ustedes wiachan a paris por primera veth)? Reisen *Sie* zum ersten Mal nach Paris?

C Sí, es nuestra luna de miel (si es nuestra luna de miel). Ja, es ist unsere Hochzeitsreise.

A Felicidades (felithidades)! Herzlichen Glückwunsch! Han *encontrado* un buen hotel (an encontrado_um buen otel)? Haben Sie ein gutes Hotel *gefunden*?

D Sí, cerca de la catedral *Notre Dame* en el barrio *Quartier latin* (si therka de la katedral en el barrio). Ja, nahe bei der Kathedrale *Notre-Dame* im Viertel *Quartier latin*.

A Viví en aquel barrio de 1988 a 1996 (wiwi_en akel barrio de 1988 a 1996). Ich habe in diesem Viertel von 1988 - 1996 gelebt. Cada vez que me acuerdo de París, he una nostalgia grande de aquella ciudad maravillosa.

(kada veth ke me_akuerdo de paris e_una nostalchia grande de_akeja thiuda marawijosa). Jedes Mal, wenn ich mich an Paris erinnere, habe ich eine große Sehnsucht nach dieser wunderbaren Stadt.

C   Qué *le* gustó más en París (ke le gusto mas en paris)? Was hat *Ihnen* in Paris am meisten gefallen?

A   Eso es una pregunta difícil (eso_es una pregunta difithil). Das ist eine schwierige Frage. Tal vez la vista a la *Seine* debajo de los puentes de París (tal veth la wista_ a la *Seine* debacho de los puentes de paris) o la vista de mi apartamento al cielo azul sobre los techos de París (o la wista de mi_apartamento_al thielo_athul sobre los tetschos de paris). Vielleicht der Blick auf die Seine unter den Brücken von Paris oder die Aussicht von meiner Wohnung auf den blauen Himmel über den Dächern von Paris. Quizá aquella tarde en la plaza *Concorde* mientras el sol rojo se ponía detrás de la torre Eiffel (kitha_akeja tarde_en la platha *Concorde* mientras el sol rocho se ponia detras de la torre Eiffel).Vielleicht jener Abend auf dem *Concorde* Platz, als die rote Sonne hinter dem Eiffelturm unterging. Quizá aquella noche cuando miré el océano de luz de la ciudad en el más alto restaurante de la torre Eiffel (kitha_akeja notsche kuando mire_el otheano de luth de la thiudad en el mas alto restaurante de la torre). Vielleicht jene Nacht, als ich das Lichtermeer der Stadt im höchsten Restaurant des Eiffelturms betrachtet habe. Quizá la belleza seductora de las bailarinas en el *Lido* y el *Moulin Rouge* (kitha la bejetha seduktora de las bailarinas). Vielleicht die verführerische Schönheit der Tänzerinnen im *Lido* und im *Moulin Rouge*. Quizá la mañana cuando vi delante de la iglesia *Sacré-Coeur* después de una noche en blanco la salida del sol rojizo (kitha la manjana kuando vi delante de la_iglesia despues de_una notsche en wlanko la salida del sol rochitho). Vielleicht jener

Morgen, als ich vor der Kirche *Sacré-Coeur* nach einer schlaflosen Nacht den Aufgang der rötlichen Sonne gesehen habe. Qué me gustó más (ke me gusto mas)? Was hat mir am meisten gefallen? No lo sé (no lo se). Ich weiß es nicht. Pero sé que estaréis muy felices durante la luna de miel (pero se ke_estareis mui felithes durante la luna de miel) porque París es la ciudad perfecta por el amor y por eso el lugar ideal por una luna de miel (porke paris es la thiuda perfekta por el amor i por eso_ el lugar ideal por una luna de miel). Aber ich weiß, dass Sie während der Hochzeitsreise sehr glücklich sein werden, weil Paris die perfekte Stadt für die Liebe ist und deshalb der ideale Ort für eine Hochzeitsreise.

D Cuál es la puerta de embarque (kual es la puerta de_embarke)? Wie lautet die Gatenummer?

A La 6 F (la seis efe). 6 F. Aquí tienen las tarjetas de embarque (aki tienen las tarchetas de_embarke). Hier haben Sie die Bordkarten. Pues buen vuelo y mucha suerte (pues buem buelo_i mutscha suerte). Dann einen guten Flug und viel Glück.

Bedeutungen von querer

Wenn das Akkusativobjekt eine Sache ist: querer / wollen
Willst du einen Tee? Quieres un té?
Wenn das Akkusativobjekt eine Person ist: querer / lieben
Ich liebe meine Frau. Quiero a mi esposa.

F Wichtige Formulierungen

Ich mag / möchte gern: me gusta / gustaría ...
Ich habe Lust: me apetece ...
Ich habe Lust nach / in ... zu gehen: tengo ganas de ir a ...
Muss ich / man: tengo / tiene que reservieren / reservar, umsteigen / cambiar de ...
Ich will / möchte: quiero / quería aussteigen / bajar, kaufen comprar, mitnehmen / llevar, mieten / alquilar ...

Subjektpronomen und betonte Pronomen (Fürwörter)

Subjektpronomen		betontes Pronomen
yo	ich	**mí**
tú	du	**ti**
él	er	**él**
ella	sie	**ella**
usted	Sie	**usted**
nosotros	wir (m)	**nosotros**
nosotras	wir (w)	**nosotras**
vosotros	ihr (m)	**vosotros**
vosotras	ihr (w)	**vosotras**
ellos	sie (m)	**ellos**
ellas	sie(w)	**ellas**
ustedes	Sie	**ustedes**

A Von den Subjektpronomen kann man die betonten Pronomen ableiten, indem man yo durch **mí** und tú durch **ti** ersetzt.

R Wenn man eine Person mit Sie anspricht, verwendet man **usted** (Abk. Ud.) mit der 3. Person Sg des Verbs, bei mehreren Personen **ustedes** (Abk. Uds.) mit der 3 Pers. Pl des Verbs, z. Bsp. Ud. es español? Sind Sie Spanier? Uds. son españolas? Sind Sie Spanierinnen?

Gebrauch des Subjektpronomens

Da das Subjekt des Satzes aus der Endung des Verbs ersichtlich ist, entfällt das Subjektpronomen im Regelfall. Man gebraucht es jedoch, **um eine Person hervorzuheben**.
B Meiner Meinung nach gibt es ein Problem. En mi opinión hay un problema:
Er ist fünfzig Jahre alt, **sie** nur zwanzig.
Él tiene cincuenta años, **ella** sólo veinte.
Sie haben recht. **Usted** tiene razón.
Ich sehe es auch so. **Yo** también lo veo así.

Gebrauch des betonten Pronomens

B Für wen ist diese Torte? Für mich.
Para quién es esta tarta? **Para mí.**
D Die betonten Pronomen werden **in Verbindung mit einer Präposition** verwendet.
F Mit der Präposition 'con' entstehen drei besondere
Formen: con + mí > conmigo / mit mir
  con + ti > contigo / mit dir
  con + sí > consigo / mit sich

Das rückbezügliche Fürwort (Reflexivpronomen)

B Ich informiere mich, du informierst dich ...
me informo, **te** informas, **se** informa,
nos informamos, **os** informáis, **se** informan
A Das Reflexivpronomen steht <u>meistens vor dem Verb.</u>
F <u>Statt des Passivs wird oft das reflexive Verb gebraucht,</u>
z. Bsp. Die Orangen werden verkauft.
Las naranjas son vendidas (Passiv).
Las naranjas **se** venden (reflexives Verb).

Reflexivpronomen	Dativpronomen	Akkusativpronomen
me		
te		
se	**le**	**le, lo, la**
nos		
os		
se	**les**	**les, los, las**

A Von den Reflexivpronomen kann man die **Dativpronomen** ableiten, indem man in der 3. Pers. Sg se durch **le** und in der 3. Pers. Pl se durch **les** ersetzt. Von den Dativpronomen kann man die **Akkusativpronomen** ableiten, indem man le durch **le, lo, la** und les durch **les, los, las** ersetzt.

Unbetonte Objektpronomen

Dativpronomen

MS Ich gebe dir ein Geschenk / yo te doy un regalo.

Subjektpronomen	Dativpronomen	Verb
yo (ich)	te (dir)	doy
tú (du)	me (mir)	das
él (er)	**le** (ihr)	da
ella (sie)	**le** (ihm)	da
usted (Sie)	**le** (Ihnen)	da
nosotros (wir)	os (euch)	damos
vosotros (ihr)	nos (uns)	dáis
ellos (as) (sie)	**les** (ihnen)	dan
ustedes (Sie)	**les** (Ihnen)	dan

Ich gebe Ihnen (Sg) ein Geschenk / le doy un regalo.
Ich gebe Ihnen (Pl) ein Geschenk / les doy un regalo.

Akkusativpronomen

MS Ich informiere dich / yo te informo.

Subjektpronomen	Akkusativpronomen	Verb
yo (ich)	te	informo
tú (du)	me	informas
él (er)	**la** sie, es	informa
ella (sie)	**le, lo** ihn, es	informa
usted (Sie)	lo, la Sie	informa
nosotros (wir)	os	informamos
vosotros (ihr)	nos	informáis
ellos (sie m)	**las** (w)	informan
ellas (sie w)	**les, los** (m)	informan
ustedes (Sie)	los, las Sie	informan

Ich informiere Sie (m) / Sie (w). Lo / la informo.
Ich informiere Sie (Pl m) / (Pl w). Los / las informo.

Die Stellung des unbetonten Personalpronomens
Im Deutschen steht das Pronomen meistens hinter dem konjugierten Verb. Im Spanischen ist die Reihenfolge umgekehrt.
B Ich sage es > es ich sage: lo digo (1).
  Ich sage es dir > dir es ich sage: te lo digo (2).
  Ich sage es Ihnen > Ihnen es ich sage: le lo digo > **se** lo digo (3).
A Im Regelfall steht das Pronomen direkt vor dem gebeugten Verb (1). Das Dativpronomen steht <u>immer</u> vor dem Akkusativpronomen (2). Wenn zwei Pronomen zusammentreffen, die mit ‚l' beginnen, wird das erste Pronomen zu **se** (3).
B *Ich habe dich* informiert > *dich ich habe* informiert: te he informado.
A Beim Perfekt steht das Pronomen vor dem Verb haber.
R Wenn der Satz ein gebeugtes Verb und einen Infinitiv enthält, gibt es **zwei Möglichkeiten für die Stellung des Fürworts**, z. Bsp. Ich will mich informieren:
B **Me** quiero informar.
A Das Fürwort steht vor dem gebeugten Verb.
B Quiro informar**me**.
A Das Fürwort wird an den Infinitiv angehängt.
  Dieselben zwei Möglichkeiten gibt es auch, wenn der Satz ein Gerund enthält, z. Bsp. Ich informiere dich gerade / **te** estoy informando oder estoy informándo**te**.

Die Stellung des betonten Pronomens
B Mir schmeckt die Torte. **A mí** me gusta la torta (1).
  Mir schmeckt die Torte nicht. La torta no <u>me</u> gusta **<u>a mí</u>**.
A Die **betonten Pronomen** können an verschiedenen Stellen des Satzes stehen.
  <u>In Verbindung mit der Präposition a werden die betonten Pronomen zur Betonung der unbetonten Pronomen verwendet.</u>

Unregelmäßige Verben

Bei einigen Verben wird im Singular und in der 3. Pers. Pl
e > ie, z. Bsp. cerrar / schließen: c**ie**rro, c**ie**rras, c**ie**rra, cerramos, cerráis, c**ie**rran.
F Im folgenden Merksatz sind 6 wichtige Verben dieser Gruppe enthalten: Ich will anfangen zu verstehen: Das Denken ist dem Fühlen vorzuziehen.
wollen / querer: quiero, quieres …
anfangen / empezar: empiezo, empiezas …
verstehen / entender: entiendo, entiendes ..
denken / pensar: pienso, piensas …
fühlen / sentir: siento, sientes …
vorziehen / preferir: prefiero, prefieres …

Bei einigen Verben wird im Sg und in der 3. Pers. Pl **o > ue**
z. Bsp. almorzar / zu Mittag essen: alm**ue**rzo, alm**ue**rzas, alm**ue**rza, almorzamos, almorzáis, alm**ue**rzan.
F Im folgenden Merksatz sind 7 wichtige Verben dieser Gruppe enthalten: Ich gehe zu Bett, kann jedoch nicht schlafen, weil ich mich erinnere, dass man mir erzählte, dass der Flug nach Buenos Aires sehr viel kostet.
zu Bett gehen / acostarse: acuesto, acuestas …
können / poder: puedo, puedes …
schlafen / dormir: duermo, duermes …
erinnern / acordar: acuerdo, acuerdas …
erzählen / contar: cuento, cuentas …
fliegen / volar: vuelo, vuelas …
kosten / costar: cuesto, cuestas …
Ich spiele nicht, da mein Arm weh tut, wenn ich ihn bewege.
spielen / jugar: juego, juegas …
weh tun / doler: duelo, dueles …
bewegen / mover: muevo, mueves …
Lernen Sie bitte noch die unterstrichenen Wörter von Pfund bis Schweinefleisch.

Achter Tag

Die Ankunft im Hotel. La llegada en el hotel.

Hotel in Palma de Mallorca
Carmen C, Diego D, ihre Tochter Lucia L, Señor Rodriguez R

D Guten Abend, ich heiße Diego Diaz. Buenas tardes, me llamo Diego Díaz (buenas tardes me jamo diego diath).
R Sehr erfreut. Encantado (enkantado)!
D Haben Sie ein Doppelzimmer und ein Einzelzimmer für unsere Tochter? Tienen una habitación doble y una habitación individual para nuestra hija (tienen una_awitathion dowle_i_una_awitathion indiwidual para nuestra_icha)?
R Wie lange wollen Sie bleiben? Cuánto tiempo quieren quedarse (kuanto tiempo kieren kedarse)?
D Eine Woche. Por una semana (por una semana).
R Sie haben Glück. Tienen suerte (tienen suerte). Trotz der Hochsaison habe ich einige freie Zimmer. A pesar de la temporada alta tengo unas habitaciónes libres (a pesar de la temporada_alta tengo_unas awitathiones liwres). Ich habe zwei Zimmer mit Bad, Balkon und Blick auf das Meer. Tengo dos habitaciónes con baño, balcón y vistas al mar (tengo dos awitathiones con banjo balkon i wistas al mar).
C Wieviel kosten sie mit Frühstück, Halbpension und Vollpension? Cuánto cuestan con desayuno, media pensión y pensión completa (kuanto kuestan kon desajuno media pension i pension kompleta)?
R Hier ist die Preisliste. He aquí la lista de precios (e_aki la lista de prethios).
C Es ist sehr teuer. Es muy caro (es mui karo). Haben Sie auch preiswertere Zimmer? Tienen también unas habitaciones más baratas (tienen tambien unas awitathiones

mas waratas)?
R Na klar. Claro que sí (klaro ke si). Ich habe zwei Zimmer mit Dusche und Blick auf die Berge. Tengo dos habitaciónes con ducha y vistas a las montañas (tengo dos awitathiones con dutscha_i wistas a las montanjas).
C Was für ein Glück. Qué suerte (ke suerte). Können wir die Zimmer sehen? Podemos ver las habitaciones (podemos wer las hawitathiones)?
R Sehr gern. Con mucho gusto (kon mutscho gusto). Die Zimmer sind im vierten Stock. Las habitaciones están en el cuarto piso (las awitathiones estan en el kuarto piso). Hier ist der Aufzug. Aquí está el ascensor (akí_esta_el asthensor).
Nach der Besichtigung. Después de la visita.
D Die Zimmer gefallen uns sehr gut. Nos gustan las habitaciónes muy bien (nos gustan las awitathiones mui wien). Wir nehmen sie. Nos quedamos con ellas (nos kedamos kon ejas).
R Dann füllen Sie bitte dieses Anmeldeformular aus. Entonces rellene este formulario de ingreso, por favor (entonthes rejene_ este formulario de_ingreso por fawor). Unterschreiben Sie bitte hier. Firme aquí por favor (firme_aki por fawor).
D Gibt es jemand, der das Gepäck in das Zimmer bringen könnte? Hay alguien que podría llevar el equipaje a la habitacion (ai_algien ke podria jewar el ekipache_a la_awitathion)?
R Der Hotelboy bringt die Koffer auf das Zimmer. El botones sube las maletas a la habitación (el botones suwe las maletas a la_awitathion). Hier haben Sie die Schlüssel. Aquí tienen las llaves (aki tienen las jawes).
C Um wie viel Uhr ist das Frühstück? A qué hora es el desayuno (a ke_ora_es el desajuno)?
R Von acht bis zehn. De ocho a diez (de_otscho_a dieth). Schauen Sie, das Restaurant ist *am Flurende*. Miren, el

restaurante está *al fondo del pasillo* (el restaurante_esta al fondo del pasijo).

D Morgen wollen wir früh aufstehen. Mañana queremos levantarnos temprano (manjana keremos lewantarnos temprano). Wecken Sie *uns* bitte um acht Uhr. Por favor despiérte*nos* a las ocho (por fawor despiertenos a las otscho).

R Selbstverständlich. Por supuesto (por supuesto). Gute Nacht. Buenas noches (buenas notsches).

Nach einer sehr schönen Woche. Después de una semana muy bella.

D Wir reisen ab; bis wann muss das Zimmer frei sein? Salimos; a qué hora hay que dejar libre la habitación (salimos a ke_ora_ai ke dechar liwre la_awitathion)?

R Bis zehn Uhr. Hasta las diez (asta las dieth).

D Machen Sie bitte die Rechnung fertig. Prepare la cuenta, por favor (prepare la kuenta por fawor) …

C Auf Wiedersehen. Hasta la vista (asta la wista). Es hat mir hier sehr gut gefallen. Me ha gustado mucho estar aquí (me_a gustado mutscho_estar aki).

D Wir haben einen sehr angenehmen Aufenthalt gehabt. Hemos tenido una estancia muy agradable (emos tenido_ una_estanthia mui_agradawle).

L Tschüss. Adiós. Es war toll! Ha sido estupendo (a sido_ estupendo)!

R Gute Rückfahrt. Buen regreso (buen regreso).

Das besitzanzeigende Fürwort (Possessivpronomen)

B Hier ist meine Garage / aquí está

mi garaje / el garaje **mío**	el mío (meine)
tu garaje / el garaje **tuyo**	el tuyo (deine)
su garaje / el garaje **suyo**	el suyo (seine)
nuestro garaje / el garaje **nuestro**	el nuestro (unsere)
vuestro garaje / el garaje **vuestro**	el vuestro (euere)
su garaje / el garaje **suyo**	el suyo (ihre)

F Es gibt zwei Arten von Possessivpronomen:

1. Adjektivisch verwendete Pronomen, die ein Hauptwort begleiten. Die unbetonte Form steht vor dem Hauptwort (z. Bsp. mi garaje), die **betonte Form** steht hinter dem Hauptwort, z. Bsp. el garaje **mío**.

2. Substantivisch verwendete Pronomen, die ein Hauptwort ersetzen. Man kann sie von den betonten Formen ableiten, indem man diesen den Artikel voranstellt, z. Bsp. el mío / meine.

Eine weibliche Form gibt es:
1. bei den unbetonten Pronomen nur in der 1. und 2. Person Plural, z. Bsp. Unser Haus ist in unserem Dorf. Nuestra casa está en nuestro pueblo. Euer Haus ist in eurem Dorf. Vuestra casa está en vuestro pueblo.
2. bei den betonten und substantivisch verwendeten Possessivpronomen in allen Formen. Man leitet die weibliche Form von der männlichen Form ab, indem man o durch a ersetzt, z. Bsp. mío>mía, el mío>la mía.

Die Pluralbildung erfolgt bei allen Possessivpronomen durch Anfügen von -s, z. Bsp. mi > mis, mío > míos, el mío > los míos

F Wie geht es Ihrer Frau / cómo está **su** mujer?
A In der **Höflichkeitsform** wird die 3. Pers. Sg oder Pl (**su / sus**) verwendet.

F Heute kommt eine meiner Freundinnen.
Hoy viene una amiga **mía**.
A Bei einer Person oder Sache aus einer Gruppe steht das betonte Fürwort ohne Artikel hinter dem Hauptwort.

Demonstrativpronomen

dieser/e/s hier dieser/e/s da   dieser/e/s dort jener/e/s
  este, -a, -o **ese**, -a, -o   **aquel**, -la, -lo
Pl **estos**, -as   **esos**, -as   **aquellos**, -as

    Die Demonstrativpronomen werden in Geschlecht und Zahl an das Hauptwort angeglichen.
R Die Verwendung der Demonstrativpronomen hängt von der <u>Entfernung</u> ab. Das Objekt befindet sich
<u>beim Sprechenden</u>: este (oft mit aquí / hier gebraucht)
<u>beim Angesprochenen</u>: ese (oft mit ahí / da)
<u>weiter entfernt</u>: aquel (oft mit allí /dort).
B Welches Mädchen gefällt dir am meisten, diese hier oder diese da oder diese dort? Qué chica te gusta más, **ésta** o **ésa** o **aquélla**?
R Die Demonstrativpronomen haben, wenn sie ein Hauptwort ersetzen, einen Akzent.
B Was gefällt dir am meisten, das hier oder das da oder das dort? Qué te gusta más, **esto** o **eso** o **aquello**?
R Die neutralen Formen esto, eso und aquello stehen immer ohne Hauptwort und ohne Akzent.

Das Relativpronomen (bezügliches Fürwort)

B Hermann Hesse, der ein Nobelpreisträger ist, den viele Leute kennen, liest zwei Gedichte, die ich kenne und die meine Lieblingsgedichte sind.
Hermann Hesse que (1) es un premio nobel que (2) mucha gente conoce lee dos poesías que (3) conozco y que (4) son mis poesías preferidas.
A Das Relativpronomen **que** (der, die, das, welche/r/s) bezieht sich auf Personen (1,2) und Sachen (3,4), im Sg (1,2) und Pl (3,4), im Werfall (1,4) und Wenfall (2,3), im männlichen (1,2) und weiblichen Geschlecht (3,4).
R Das Pronomen que ist **unveränderlich**.

F Dort ist Sofia, mit der ich spanisch lerne.
Allí está Sofia <u>con la que</u> (1) / con quien (2) aprendo español.
A <u>Nach einer Präposition steht **der bestimmte Artikel** vor que</u> (1).
Quien / quienes (welche/r) wird nur bei Personen verwendet. Quien steht jedoch immer ohne Artikel.

Fragewörter
woher / de dónde   Woher kommst du? De dónde vienes?
wohin / adónde   Wohin gehen wir? Adónde vamos?
wozu / para qué   Wozu kaufst du es? Para qué lo compras?
R Die Fragewörter tragen im Spanischen <u>immer</u> einen Akzent.

Fragesätze
<u>Aussagesätze können im Spanischen auch als Fragesätze verwendet werden</u>. In diesem Fall erkennt man den **Fragecharakter** des Satzes daran, dass **die Stimme am Satzende angehoben** wird.
B Laura habla alemán. Laura spricht deutsch.
Laura habla **alemán**? Spricht Laura deutsch?
R <u>Im Spanischen steht vor jeder Frage ein umgekehrtes Fragezeichen. Auch das Ausrufezeichen am Satzende wird durch ein umgekehrtes Ausrufezeichen vor dem Satz ergänzt.</u>

Unregelmäßige Verben
Bei einigen Verben wird im Sg und in der 3. Pers. Pl **e > i**
z. Bsp. impedir / hindern: impido, impides, impide, impedimos, impedís, impiden.
F Im folgenden Merksatz sind 7 wichtige Verben dieser Gruppe enthalten: Der gut <u>gekleidete</u> Kellner <u>wiederholt</u>, was ich <u>ausgewählt</u> und <u>bestellt</u> habe, <u>bedient</u> mich, <u>verabschiedet</u> sich und <u>geht weiter</u>.
kleiden / vestir: visto, vistes, wiederholen / repetir: repito,

repites, auswählen / elegir: elijo, eliges, bestellen / pedir: pido, pides, bedienen / servir: sirvo, sirves, verabschieden / despedir: despido, despides, weiter gehen / seguir: sigo, sigues

F Wichtige Formulierungen
es gibt: hay ... einen Fehler / un error, jemand der / alguien que, einen Parkplatz / aparcamiento, Rabatt für / descuento para ... Was gibt es / qué hay? Wie lange *muss man* warten / cuánto tiempo *hay que* esperar?

Was (welche/r/s): **qué** ... welches Alter hast du / qué edad tienes? Was machst du beruflich / en qué trabajas? Welchen Sport betreibst du / qué deporte practicas? Was ist das / qué es eso?

Was (welche/r/s) **ist: cuál es** ... die Adresse / la dirección, die Gebühr / la tarifa, die Spezialität des Hauses / la specialidad de la casa, deine Telefonnummer / tu número de teléfono, die Vorwahl von / el prefijo de ..., die Wettervorhersage / el pronóstico del tiempo?

Wer: quién Wer ist der Reiseleiter? Quién es el guía turístico? An wen kann ich mich wenden? A quién me puedo dirigir?

Es ist **kaputt**/funktioniert nicht: es defectuoso/no funciona. Können Sie es reparieren / puede repararlo? Wann ist es fertig / quándo estará listo? Ist inbegriffen/está incluido ...? Wo ist die **Polizei**? Dónde está la policía? ... wurde beschädigt / ha sido dañado, man hat mir ... gestohlen / me han robado ... , ich habe ... verloren / he perdido ...

Der **Zug** hat Verspätung (fällt aus). El tren está retrasado (cancelado).Wie viel wird er sich verspäten? Cuánto se retrasará? Eine Fahrkarte nach / un billete a ... einfach / sencillo, hin und zurück / de ida e vuelta, erster (zweiter) Klasse / de primera (segunda) clase. Stört es Sie, wenn ich / le molesta que ... ? guten Appetit / que aproveche! zum Wohl / salud!

Lernen Sie bitte noch die Wörter von <u>See</u> bis <u>Strand</u>.

Neunter Tag

Im Restaurant. En el restaurante.

Restaurant in Palma de Mallorca
Carmen C, Diego D, Lucia L, Kellner K

D Guten Tag. Buenos días (buenos dias). Ich bedauere die Verspätung. Siento llegar tarde (siento jegar tarde).
K Macht nichts. No importa (no_importa).
D Ich heiße Diego Díaz. Me llamo Diego Díaz (me jamo diego diath). Ich habe für drei Personen reserviert. Tengo una reserva para tres personas (tengo_una reserwa para tres personas).
K Sie können sich an diesen Tisch setzen. En esta mesa pueden sentarse (en esta mesa pueden sentarse). Hier haben Sie die Speisekarte und die Getränkekarte. Aquí tienen la carta y la lista de bebidas (akí tienen la karta_i la lista de wewidas). Wünschen Sie einen **Aperitif?** Desean un aperitivo (desean un aperitiwo)?
C Einen Orangensaft. Un zumo de naranja (un thumo de narancha).
L Einen Aperitif ohne Alkohol. Un aperitivo sin alcohol (un aperitiwo sin alkool).
D Einen Champagner. Un champán (un tschampan).
Nach dem Aperitif. Después del aperitivo.
K Was wollen sie trinken? Qué quieren para beber (ke kieren para wewer)?
C Ich möchte ein Glas Weißwein. Yo quiero una copa de vino blanco (jo kiero_una kopa de wino wlanko).
L Für mich roten Hauswein. Para mí vino tinto de la casa (para mi wino tinto de la kasa).
D Ein Bier vom Fass. Una cerveza de barril (una therwetha de barril).
K Was möchten Sie als **Vorspeise?** Qué quieren de primero (ke kieren de primero)?

D Ich möchte Garnelen mit Knoblauch. Yo quiero gambas al ajillo (jo kiero gambas al achijo).
C Ich eine kalte Gemüsesuppe. Yo gazpacho (jo gathpatscho).
L Ich habe Lust auf eine Fischsuppe. Me apetece una sopa de pescado (me_apetethe_una sopa de peskado).
K Was möchten Sie als **Hauptgericht?** Qué quieren de segundo (ke kieren de segundo)?
L Für mich ein vegetarisches Gericht. Para mí una comida vegetariana (para mi_una komida wechetariana). Was empfehlen Sie mir? Qué me recomienda (ke me rekomienda)?
K Ich empfehle Ihnen gratinierte Seezunge mit Reis. Le recomiendo lenguado gratinado con arroz (le rekomiendo lenguado gratinado con arroth).
D Für mich Beefsteak mit Pommes frites und gemischten Salat. Para mí bistec con patatas fritas y ensalada mixta (para mi bistek kom patatas fritas i_ensalada miksta).
K Welche Soße für den Salat? Qué salsa para la ensalada (ke salsa para la_ensalada)?
D Joghurtsoße. Salsa de yogur (salsa de jogur).
K Wie möchten Sie das Steak, blutig, medium, gut durchgebraten? Cómo quiere el bistec, poco hecho, medio hecho, muy hecho (komo kiere_el bistek poko_etscho medio_etscho mui_etscho)?
D Gut durchgebraten. Muy hecho.
C Servieren Sie mir das Tagesgericht. Sírvame el plato del día (sirwame_el plato del dia).
Nach dem Hauptgericht. Después del plato principal.
K Was möchten Sie als **Nachtisch?** Qué desean de postre (ke desean de postre)?
D Welche Eissorten gibt es? Qué sabores de helado hay (ke sawores de_elado_ai)?
K Himbeer, Schokolade, Zitrone, Vanille, Aprikose, Erdbeer, Walnuss. Frambuesa, chocolate, limón, vainilla,

albaricoque, fresa, nuez (frambuesa tschokolate limon wainija alwarikoke fresa nueth).
D Ein gemischtes Eis und einen Kaffee mit Milch. Un helado variado y un cortado (un elado variado_ i_un kortado).
C Erdbeeren mit Sahne und einen schwarzen Kaffee. Fresas con nata y un café solo (fresas kon nata_i_un kafe solo).
L Obstsalat. Macedonia de frutas (mathedonia de frutas).
Nach einem sehr guten Mittagessen. Después de una comida muy buena.
K Hat es Ihnen geschmeckt? Les ha gustado (a gustado)?
C Es war sehr gut. Estaba buenísimo (estawa buenisimo). Ich gratuliere dem Koch. Do la enhorabuena al cocinero (do la_enorabuena al kothinero).
D Bringen Sie mir bitte die Rechnung. Me trae la cuenta, por favor (me trae la kuenta por fawor). Alles zusammen. Todo junto (todo chunto).
K Hier ist die Rechnung. He aquí la cuenta (e_aki la kuenta).
D Es stimmt so. Está bien así (esta wien asi).
K Vielen Dank. Muchas gracias (mutschas grathias).

Räumliche Angaben

im Haus	en la casa
durch das Haus	por la casa
innerhalb des Hauses	dentro de la casa
außerhalb des Hauses	fuera de la casa
vor dem Haus	delante de la casa
hinter dem Haus	detrás de la casa
neben dem Haus	junto a la casa
auf dem Haus	sobre la casa
unter dem Haus	debajo de la casa
gegenüber dem Haus	enfrente de la casa
in der Nähe des Hauses	cerca de la casa

F Nach entre (zwischen) stehen die Fürwörter im Werfall, z. Bsp. La mesa está entre tú y yo. Der Tisch ist zwischen (du und ich) dir und mir.

Zeitliche Angaben

vor acht Tagen	hace ocho días
vorgestern	anteayer
gestern	ayer
heute	hoy
ich bin gerade angekommen	acabo de llegar
ich komme gerade an	estoy llegando
ich werde abreisen	voy a partir
ich reise ab ...	**salgo ...**
jetzt	ahora
sofort	inmediatamente
in einer halben Stunde	dentro de media hora
heute vor 10 Uhr	hoy antes de las diez
heute Vormittag	hoy por la mañana
heute Nachmittag	esta tarde
heute Nacht	esta noche
morgen	mañana
übermorgen	pasado mañana
bald	pronto
in acht Tagen	dentro de ocho días
innerhalb von 2 Wochen	en el plazo de dos semanas

Häufigkeitsangaben

niemals	nunca
manchmal	a veces
oft	muchas veces
meistens	las más veces
immer	siempre

Präpositionen zur Zeitangabe

seit + Zeitpunkt: seit 3 Uhr / desde las tres
seit + Zeitraum: seit 3 Wochen / desde hace tres semanas
vor + Zeitraum: vor 3 Wochen / hace tres semanas
vor + Zeitpunkt: vor 3 Uhr / antes de las tres
während dem Abendessen / durante la cena
nach dem Abendessen / después de la cena

Verneinung

B In Verneinungssätzen ist die Reihenfolge von no und Verb umgekehrt wie im Deutschen, z. Bsp.
Ich sage nicht > nicht ich sage: no digo.
Ich sage es nicht > nicht es ich sage: no lo digo.
Ich sage es dir nicht > nicht dir es ich sage: no te lo digo.
Ich habe Granada *nicht* gesehen > *no he* visto Granada.

B Wer Granada nicht gesehen hat, hat nichts gesehen.
Quien no ha visto Granada, **no** ha visto **nada.**

A <u>Wenn nada hinter dem Verb steht, muss vor dem Verb zusätzlich no stehen</u> (**doppelte Verneinung**). Wenn ein Wort mit doppelter Verneinung am Satzanfang steht, entfällt die doppelte Verneinung, z. Bsp.
Nada he visto / ich habe nichts gesehen.
Weitere Wörter mit doppelter Verneinung sind z. Bsp.:
nunca / niemals, nadie / niemand.

F Wichtige Formulierungen

Se / man wird verwendet für Passiv-Sätze:
No se hace así (man macht das nicht so) <u>das wird nicht so gemacht.</u>
'Uno' wird verwendet für die Übersetzung von 'man':
Man gewöhnt sich an die Hitze. Uno se acostumbra al calor (bei Reflexivverben ist uno obligatorisch).
Verben in der 3. Pers. Pl: Aquí venden naranjas / hier (verkaufen sie Orangen) werden Orangen verkauft.
Lernen Sie die Wörter von <u>Straße</u> bis <u>Umleitung</u>.

Zehnter Tag

Wichtige Redewendungen

Ich bin aus Deutschland. Soy de Alemania (soi de_alemania). Ich spreche nicht spanisch. No hablo español (no_ awlo_ espanjol). Ich spreche ein wenig spanisch. Hablo un poco de español (awlo_um poko de_espanjol). Gibt es jemand, der deutsch spricht? Hay alguien que hable alemán (ai_algien ke_awle_aleman)? Sprechen Sie deutsch? Habla usted alemán (awla_usted aleman)? Ich verstehe nicht. No entiendo (no_entiendo). Wie bitte? Können Sie es wiederholen und langsamer sprechen? Cómo dice? Puede repetirlo y hablar más despacio (komo dithe puede repetirlo_i_awlar mas despathio)? Können Sie *es* aufschreiben? Puede escribir*lo* (puede_eskriwirlo)? Wie heißt das auf Spanisch? Cómo se dice esto en español (komo se dithe_esto_en espanjol)? Wie spricht man dieses Wort aus? Cómo se pronuncia esta palabra (komo se pronunthia_esta palawra)? Was bedeutet / qué significa (ke signifika) ...? Wie schreibt man / cómo se escribe (komo se_ eskriwe) ...?

F Im Kaufhaus

Le puedo ayudar? Kann ich Ihnen helfen? Danke, ich möchte mich nur umsehen. Gracias, sólo estoy mirando (grathias solo_estoi mirando). Wieviel kostet das? Cuánto es (kuanto_es)? Es ist zu teuer. Es demasiado caro (es demasiado karo). Haben Sie etwas Billigeres? Tiene algo más barato (tiene_algo mas warato)? Das gefällt mir; ich nehme *es*. Me gusta; me *lo* llevo (me gusta me lo jewo). Kann ich mit dieser Kreditkarte *zahlen*? Puedo *pagar* con esta tarjeta de crédito (puedo pagar kon esta tarcheta de kredito)? Ich möchte eine Quittung. Quiero un recibo (kiero_un rethiwo). Könnten Sie *mir* eine Tüte geben? Podría dar*me* una bolsa (prodria darme_una wolsa)? Können Sie *es* mit der Post nach Deutschland schicken? Puede enviar*lo* por correo a Alemania (puede_enviarlo por correo_a_alemania)? Sí, cuál es su dirección? Ja, welche Adresse haben Sie?

F Nach einem Unfall

Ein Unfall ist passiert. Ha habido un accidente (a_awido_un agthidente). Es ist ein Notfall. Es una emergencia (es una_ emerchenthia). Es gibt Schwerverletzte. Hay heridos de gravedad (ai_eridos de graweda). Rufen Sie sofort einen Krankenwagen und die Polizei. Llame enseguida una ambulancia y a la policía (jame_ensegida_una_ambulanthia_i_a la polithia). Könnten Sie mir Ihren Vornamen und Nachnamen, Ihre Adresse und Ihre Versicherung geben? Podría darme su nombre y apellido, su dirección y su seguro (podria darme su nombre_i_apejido su diregthion i su seguro)?

Präpositionen (Verhältniswörter)

a (an, auf, im, in, um, zu, nach)

B Einmal pro Woche besuche ich meine Freundin. Ich fahre nach Madrid, komme um 3 Uhr nachmittags an und gebe meiner Freundin einen Kuss. Wir gehen zu Fuß zur Metrostation.
Una vez a la semana (1) visito a mi novia (2). Voy a Madrid (3), llego a las tres de la tarde (4) y doyle un beso a mi novia (5). Vamos a pie (6) a la estación de metro.

A Die Präposition **a** hat z. Bsp. folgende Verwendung: Häufigkeit (1), vor dem Akkusativobjekt bei Personen (2), Richtung und Ziel (3), bei Uhrzeit (4), vor dem Dativobjekt (5), Art und Weise (6).

de (von, aus)

B Von der Metrostation gehen wir zu einem Geschäft, das einem Italiener gehört. Ich kaufe als Geschenk ein Kleid, das aus Seide ist. Das Kleid ist aus Italien.

De la estación de metro vamos (1) a una tienda que es de un italiano (2). Compro como regalo un vestido que es de seda (3). El vestido es de Italia (4).

D Die Präposition **de** hat z. Bsp. folgende Verwendung: Ausgangspunkt bei Bewegungsverben (1), mit 'ser': Angabe von Besitz (2), Material (3) und Herkunft (4).

R <u>Was gemessen oder gewogen wird, muss immer mit de angegeben werden</u>, z. Bsp.
un medio kilo <u>de</u> tomates / ein Pfund Tomaten.

en (in, auf, an)

B Im Sommer fahren wir immer mit der Metro in Madrid, weil es viel Verkehr auf den Straßen und Plätzen gibt.
En verano (1) vamos siempre en metro (2) en Madrid (3), porque hay mucho tráfico en las calles (3) y en las plazas (3).

A Die Präposition **en** wird z. Bsp. verwendet:
bei der Angabe von Zeit und Dauer (1), bei Fortbewegungsmitteln (2) und bei Ortsangaben (3).

para (für, nach, um zu)

B Ich plane eine Reise für dieses Wochenende. Ich fahre nach Madrid, um meine Freundin zu besuchen. Als Geschenk habe ich ein Parfüm für sie.
Planeo un viaje para este fin de semana (1). Voy para Madrid (2) para visitar a mi novia (3). Como regalo he un perfume para ella (4).

A Die Präposition **para** hat z. Bsp. folgende Verwendung: sie drückt aus, für wann etwas gedacht ist (1), sie dient der Angabe eines Zieles (2), sie hat die Bedeutung 'um zu' (3). Sie drückt aus, für wen etwas bestimmt ist (4).

por (durch, wegen, für, aus, von, nach)

B Am Nachmittag kämpft meine Freundin im Zentrum von Madrid für vegetarische Nahrungsmittel an Stelle von

Fleisch wegen ihrer Liebe zu den Tieren.
Por la tarde (1) mi novia lucha por el centro de Madrid (2) por alimentos vegetarianos (3) por carne (4) por (5) su amor por (3) los animales.
A **por** wird z. Bsp. verwendet: bei ungenauen Zeitangaben (1), bei ungenauen Ortsangaben (2), in der Bedeutung 'für' (3), 'an Stelle von' (4) und 'wegen' (5).

Unregelmäßige Verben

1. Einige Verben haben ein **g in der Ich-Form** z. Bsp.
salir / ausgehen: sal**g**o, sales, sale, salimos, salís, salen.
F Im folgenden Merksatz sind 5 wichtige Verben dieser Gruppe enthalten: Ich bringe das von mir hergestellte Geschenk, das viel wert ist, und stelle es an einen sicheren Platz, damit es nicht herunter fällt.
bringen / traer: trai**g**o, traes ... herstellen / hacer: ha**g**o, haces ... wert sein / valer: val**g**o, vales ... stellen / poner: pon**g**o, pones ... fallen / caer: cai**g**o, caes ...
2. Einige Verben haben ein **g in der Ich-Form und eine Stammvokaländerung** im Sg und der 3. Pers. Pl von **e > i** oder **e > ie**.
Der folgende Satz enthält 3 Verben dieser Gruppe:
Sage ihm, dass ich komme, wenn ich Zeit habe.
sagen / decir: di**g**o, dices, kommen / venir: ven**g**o, vienes,
haben / tener: ten**g**o, tienes, tiene, tenemos, tenéis, tienen

F Die **Futur- / Konditionalform** kann man bei einigen Verben ableiten, indem man den Vokal der Infinitiv Endung streicht und die Futur / Konditionalendung anhängt.
Der folgende Satz enthält 4 Verben dieser Gruppe:
Ich will wissen, ob ich Geld haben kann.
wollen / querer > querr > querré / ich werde wollen > querría / ich würde wollen
wissen / saber > sabr > sabré / ía

haben / haber > habr > habré / ía
können / poder > podr > podré / ía
Die **Futur- /Konditionalform** kann man bei einigen Verben ableiten, indem man den Vokal der Infinitiv Endung durch d ersetzt.
Der folgende Merksatz 2 enthält 4 Verben dieser Gruppe.
Komme zu mir; ich werde ausgehen, aber ich lege das Geld, das ich habe, auf den Tisch.
kommen / venir > vendr > vendré / ía
ausgehen / salir > saldr > saldré / ía
legen / poner > pondr > pondré / ía
haben / tener > tendr > tendré / ía
Ferner: wert sein / valer > valdr > valdré / ía
Sehr unregelmäßig: sagen / decir > diré / ía
machen / hacer > haré / ía
Bei den Verben von Merksatz 2 kann man den Imperativ bilden, indem man die Infinitiv Endung streicht.
Venir > ven / komme! Salir > sal / gehe aus! Poner > pon / lege! Tener > ten / habe!

R Wenn in der 1. P. Sg Indikativ ein g eingeführt wird, kann man den **Konjunktiv** ableiten, indem man o durch a ersetzt, z. Bsp. hören oigo / oiga.
F Unregelmäßige Konjunktive: gehen / ir: vaya, haben / haber: haya, sehen / ver: vea, sein / ser: sea, wissen / saber: sepa.
F Unregelmäßige Imperative:
di / sage! haz / mache! sé / sei! ve / gehe!

Bei Verben auf -acer, -ecer, -ocer, -ucir wird in der Ich-Form ein **z vor dem c** eingefügt, z. Bsp. kennen / conocer (kono- ther): ich kenne / cono**z**co (konosko), conoces ...
Bei einigen Verben ist im Präsens **nur die Ich-Form unregelmäßig**: geben / dar: do**y**, das ... , wissen / saber : **sé**, sabes ... , sehen / ver: **veo**, ves ...

F Beim Arzt

Ich bin ...
erkältet / estoy resfriado/a (estoi rresfriado/a)
allergisch gegen / soy alérgico/a a (soi_alerchiko/a_a)
(nicht) gegen ... geimpft / (no) estoy vacunado/a contra ...
(no) estoi wakunado/a kontra ...
gestürzt / me he caído (me_e kaido)
Diabetiker / soy diabético/a (soi diawetiko/a)
Ich bin im ... Monat schwanger / estoy embarazada de ...
meses (estoi_embarathada de ... meses).
Ich habe / tengo ...
Durchfall / diarrea (diarrea)
Kopfschmerzen / dolor de cabeza (dolor de kawetha)
Ohrenschmerzen / dolor de oído (dolor de_oido)
Halsschmerzen / dolor de garganta (dolor de garganta)
Rückenschmerzen / dolor de espalda (de_espalda)
eine Verdauungsstörung / una indigestión (indichestion)
Bauchschmerzen / dolor de vientre (dolor de wientre)
Fieber / fiebre (fiewre)
mich übergeben / he vomitado (e womitado)
einen hohen (niedrigen) Blutdruck / la tensión alta / baja (la tension alta / wacha)
hier Schmerzen / dolores aquí (dolores aki)
Kreislaufstörungen / los trastornos circulatorios (los trastornos thirkulatorios)
Dieses Medikament nehme ich gewöhnlich. Este es mi medicamento habitual (este_es mi medicamento_abitual).
Vor kurzem hatte ich / hace poco he tenido (athe poko_e tenido) ... Ich habe einen Herzschrittmacher. Llevo un marcapasos (jewo_un markapasos).
Könnten Sie mir eine Quittung für meine Versicherung geben. Podría darme un recibo para mi seguro (podria darme un rethiwo para mi seguro).
Lernen Sie bitte noch die Wörter von <u>umsteigen</u> bis <u>Zug</u>.

Vokabular

Abend tarde f tarde
Abendessen cena f thena
Abführmittel laxante m
abheben (Geld) retirar retirar
Abreise salida f salida
abreisen salir partir
Abteil compartimento m
Achtung! atención atenthion!
Adapter adaptador m
Adresse dirección f diregthion
alkoholfrei sin alcohol alkool
allein solo(a)
Allergie alergia f alerchia
alles todo/a
als (Vergleich) que ke
Alter edad f eda
Altstadt casco m antiguo
anbieten ofrecer ofrether
andere/r/s otro/a
Anfang inicio m inithio
angeln pescar peskar
angenehm agradable ~dawle
anhalten parar
ankommen llegar jegar
Ankunft llegada f jegada
Anlegestelle embarcadero m
Anmeldung inscripción f
annehmen aceptar atheptar
annullieren anular
anprobieren probar prowar
Anschluss correspondencia f
Antiquität antigüedad ~gueda
antworten responder

anzeigen denunciar ~thiar
Anzug traje m trache
Aperitif aperitivo ~tiwo m
Apfel manzana ~thana f
Apotheke farmacia ~thia f
Aprikose albaricoque ~koke
April abril m awril
arbeiten trabajar trawachar
Architektur arquitectura f
Arm brazo m bratho
Arzt médico m mediko
Ärztin médica f medika
Aschenbecher cenicero m
atmen respirar rrespirar
Attest certificado m
auch también
Aufenthalt estancia ~thia f
aufstehen levantarse lewan~
Aufzug ascensor m asthen~
Auge ojo m ocho
August agosto m
Ausdruck expresión es~ f
ausfüllen llenar jenar
Ausgang salida f
ausgeben gastar
ausgehen salir
Auskunft información f
Ausland extranjero m es~
Aussicht vista f
aussprechen pronunciar
aussteigen bajar bachar
Ausstellung exposición f
Ausverkauf liquidación f

ausverkauft agotado/a
Auto coche m kotsche
Autobahn autopista f
Autobus autobús m autowus
Autoverleih alquiler de coches
B
Bäckerei panadería f
Bad baño m banjo
Bademantel albornoz ~noth m
Bademeister bañero m banjero
baden bañarse banjarse
Bahnhof estación f estathion
bald pronto
Balkon balcón m balkon
Bank banco m banko
Batterie pila f
(Auto) batería f
Baum árbol m arwol
Baumwolle algodón m
Beanstandung reclamación f
bedauern sentir
bedeuten significar signifikar
bedienen servir serwir
Bedienung servicio m servithio
beenden terminar
befinden, sich encontrarse
beginnen empezar empethar
begleiten acompañar ~panjar
behandeln tratar
Beilage guarnición ~thion f
Bein pierna f
beißen morder
Bekleidung ropa f
bekommen recibir rethiwir
benachrichtigen informar im~
benutzen usar
Benzin gasolina f
Berg montaña f montanja
Bergführer guía de montaña
Beruf profesión f
berühren tocar tokar
beschäftigen, sich ocuparse
beschreiben describir ~wir
Besen escoba m eskowa
besichtigen visitar
Besichtigung visita f
besorgen procurar
bestätigen confirmar
bestellen pedir
betrachten contemplar
Betrag importe m
Bett cama f kama
Bettdecke manta f
Bettlaken sábana f sawana
bewachen guardar
bewegen mover mower
bezahlen pagar
Bier cerveza f therwetha
Bild cuadro m kuadro
Bildhauer escultor m
Bildhauerei escultura f
billig barato
bitte por favor fawor
bitten pedir
blau azul athul
bleiben quedarse kedarse
bleifrei sin plomo
Blick mirada f
Blume flor f
Bluse blusa f

Blut sangre f
bluten sangrar
Boot barca f
Botschaft embajada ~chada f
Braten asado m
Bratspieß asador m
brauchen necesitar nethesitar
Zeit brauchen tardar
brechen romper
Bremse freno m
Brief carta f karta
Briefkasten buzón m buthon
Briefmarke sello m sejo
Brieftasche cartera f kartera
Briefumschlag sobre m sowre
Brille gafas fPl
bringen traer, llevar jewar
Brot pan m
Brötchen panecillo panethijo
Brücke puente m
Bruder hermano m ermano
Brunnen fuente f
Buch libro m liwro
Buchhandlung libreria liw~ f
buchstabieren deletrear
bügeln planchar plantschar
Burg castillo m kastijo
Büro oficina f ofithina
Bushaltestelle parada f de autobús autowus
Butter mantequilla ~kija f

C
Camping camping m
Cousin(e) primo(a)

D
Dame señora f senjora
Damenbinde compresa f kompresa
danken agradecer ~dether
Datum fecha f fetscha
dauern durar
Decke (Bett) manta f
denken pensar
Deutsche (r) alemán,-ana m, f
Deutschland Alemania f
Dezember diciembre m dithi~
Diafilm pelicula f para diapositivas
Diät dieta f
Diebstahl robo m
Dienstag martes m
Diesel (Benzin) gasóleo m
diese/r/s esta, este, esto
direkt directo direkto
Diskothek discoteca f disko~
Dolmetscher intérprete mf
Dom catedral f
Donnerstag jueves m chuewes
Doppelzimmer habitación doble awitathion dowle
Dorf pueblo m puewlo
dort allá, allí
Dose (Konserven) lata f ~nöffner abrelatas m awre~
dringend urgente urchente
Drittel tercio m terthio
drücken apretar
dumm tonto
Durchfall diarrea f

dürfen poder
Durst sed f
Dusche ducha f dutscha
E
echt auténtico
Ei huevo m uewo
hartes / weiches ~: huevo duro / huevo pasado por aqua
Eilbote (durch) por expreso
Eile prisa f
Eimer cubo m kuwo
Einbahnstraße calle f de sentido único kaje
Eingang entrada f
einige algunos m, algunas f
Einkaufszentrum centro m commercial komerthial
einladen invitar imbitar
einsteigen subir suwir
Eintrittskarte entrada f
Eintrittspreis entrada f
Einwohner habitante mf
einzahlen pagar
Einzelzimmer habitación f individual awitathion
Eis hielo m ielo
(Speiseeis) helado m elado
Eisdiele heladería f eladeria
Eislauf patinaje m patinache
elektrisch eléctrico elektriko
Eltern padres mPl
Empfang (Hotel) recepción f
empfehlen recomendar
Ende fin m
Endstation estación terminal

eng estrecho estretscho
Entfernung distancia f
enthalten contener kontener
Entscheidung decisión dethi~f
entschuldigen perdonar
entwerten cancelar kanthelar
Erdbeere fresa f
erklären explicar esplikar
erlauben permitir
Ermäßigung descuento m
erreichen (Bus) llegar jegar
essen comer komer
Essen comida f komida
Essig vinagre m
etwas algo
F
Fähre ferry m
fahren ir
Fahrkarte billete m bijete
Fahrkartenschalter ventanilla f
Fahrplan horario m orario
Fahrrad bicicleta f bithikleta
Familie familia f
Farbe color m kolor
Farbfilm película f en color
fast casi kasi
Februar febrero m
fehlen faltar
Fehler error m
Feiertag día de fiesta f
Fenster ventana f
Fensterladen postigo m
Ferien vacaciones f Pl
Fernglas prismáticos mPl

Fernsehen televisión f
fertig (bereit) liste/a
Fett grasa f
Feuer fuego m
~zeug mechero m metschero
Fieberthermometer
termómetro m
Film película f
(Kino) cine m thine
finden encontrar enkontrar
Finger dedo m
Fisch pescado m peskado
Flasche botella f boteja
~nöffner abrebotellas m
awrebotejas
Fleisch carne f karne
Flohmarkt mercadillo m
merkadijo
Flug vuelo m
Flughafen aeropuerto m
Flugzeug avión m
Fluss río m rio
Flüssigkeit líquido m likido
Flut marea f alta
folgen seguir segir
Form forma f
Foto foto(grafia) f
~apparat cámara f de
fotos
~geschäft tienda de fotografia
fotografieren sacar fotos
Frage pregunta f
fragen preguntar
Frau mujer f mucher
(Ehefrau) esposa f

Freitag viernes m
Fremdenführer guía turístico
Fremdenverkehrsamt
oficina f de turismo
Fresko fresco m
Freund amigo m
(Geliebter) novio m nowio
freundlich amable amawle
Friedhof cementerio m
Friseur peluquero m pelukero
Fruchtsaft zumo m de fruta
Frühling primavera f
Frühstück desayuno desajuno
fühlen sentir
Führerschein carnéde conducir
Führung visita f guiada giada
Fundbüro oficina f de objetos
perdidos obchetos perdidos
funktionieren funcionar
Fuß pie m
Fußgänger peatón, -ona m f
Fußpfad sendero m
G
Gabel tenedor m
Galerie galería f
ganz todo/a
Garderobe guardarropa m
Garten jardín m chardin
Gasflasche bombona de gas
Gasthaus hostería f osteria
Gatte esposo m
geben dar
geboren nacido nathido
gebraten frito, asido
Gebühr tarifa f

Geburtsdatum fecha f de nacimiento fetscha
Geburtstag cumpleaños m
Gedeck cubierto m kuwierto
geeignet apropiado
Gefahr peligro m
gefährlich peligroso
gefallen gustar
Gegend región f rechion
Gegenstand objeto owcheto
gegenüber enfrente de
gehen ir ~nach/zu ir a
gehören pertenecer ~ther
Geld dinero m
Geldbörse monedero m
Geldschein billete m bijete
Geldwechsel cambio m
gemischt mixto misto/a
Gemüse verdura f werdura
genug suficiente sufithiente
Gepäck equipaje m ekipache
Gepäckaufbewahrung consigna f
geradeaus derecho deretscho
Gericht (Essen) plato m
Geschäft (Laden) tienda f
geschehen pasar
Geschenk regalo m
Geschichte historia f istoria
Geschwindigkeit velocidad f
Gesicht cara f kara
gestern ayer ajer
Gesundheit salud f
Getränk bebida f bewida
getrennt separado/a

gewinnen ganar
Gewürz especia f espethia
Glas cristal m kristal
(Trinkglas) vaso m
gleich igual
gleichfalls igualmente
Gleis vía f
Gleitschirmfliegen parapente m
Glockenturm campanario m
Glück suerte f
glücklich feliz felith
Glückwunsch felicitación f
Glühbirne bombilla f bombija
Gold oro m
Golfplatz campo de golf
Gottesdienst servicio m religioso serwithio relichioso
Gramm gramo m
Grenze frontera f
Grill barbacoa barwakoa f
Größe (Kleid) talla taja f
Großvater/mutter abuelo/a
grüßen saludar
Grund razón f rathon
Gruppe grupo m
Gruß saludo m
gültig válido/a
Gummi goma f
Gürtel cinturón m thinturon
H
Haar pelo m
haben tener, haber awer
Hafen puerto m
Hähnchen pollo m pojo

halb medio/a
Halbpension
media pensión
Hälfte mitad f
halten tener
Haltestelle parada f
Hand mano f
Handschuh guante m
Handtasche bolso m
Handtuch toalla f toaja
Handwerker artesano m
Handy móvil m
Haus casa f kasa
Haut piel f
heißen llamarse jamarse
Heizung calefacción ~gthion
helfen ayudar ajudar
Hemd camisa f kamisa
Herbst otoño m otonjo
Herr señor m senjor
herrlich magnífico/a
Herz corazón korathon m
heute hoy oi
Hilfe ayuda f ajuda, socorro!
Himmel cielo m thielo
hin und zurück ida y vuelta
ida _i wuelta
hinlegen poner
hinsetzen, sich sentarse
hinter detrás de
Hitze calor m
Hochsaison temporada alta
holen (Arzt) llamar jamar
Honig miel f
hören oír

Hose pantalón m
Hotel hotel otel m
Hubschrauber helicóptero
elikoptero m
Hund perro m
Hunger hambre f ambre
Hut sombrero m
I
immer siempre
inbegriffen incluido
Infektion infección
imfegthion f
informieren, sich informarse
innerhalb dentro de
Insekt insecto m
Insektenstich picadura f
de insecto
Insel isla f
interessieren, sich interesarse
irgendetwas algo
irgendwo en alguna parte
J
Jacke chaqueta tschaketa f
Jahreszeit estación del año
Jahrhundert siglo m
Januar enero m
jede/r/s cada
jemand alguien, alguno
jener aquél
jetzt ahora aora
Jugendherberge albergue
juvenil alberge chuwenil
Juli julio chulio m
Junge chico tschiko m
Juni junior chunio m

Juwelier joyero m chojero
K
Kalbfleisch ternera f
Kamm peine m
kaputt roto/a
Karte Land~ mapa m
Kartenvorverkauf venta f de entradas
Kartoffel patata f
Käse queso m keso
Kasse caja f kacha
Kauf compra f kompra
kaufen comprar komprar
Kaufhaus grandes almacenes almathenes mPl
Keks galleta f gajeta
Kellner camarero kamarero
kennen conocer konother
Kerze candela f
Kilometer kilómetro m
Kind niño(a) m f
Kinderarzt pediatra m f
Kino cine m thine
Kleid vestido m
Klimaanlage aire m acondicionado
Klingel Tür~ timbre m
klingeln (Telefon) sonar
klopfen (Tür) llamar jamar
Kloster convento konwento
Kneipe tasca f taska
Knochen hueso m ueso
Knopf botón m
kochen cocinar kothinar
Koffer maleta f
Kofferkuli carrito m
kohlensäurehaltig con gas
Kollege(in) colega mf kolega
kommen venir
Konditorei pastelería f
können poder
Konto cuenta f kuenta
kontrollieren controlar
Konzert concierto m
Kopf cabeza f kawetha
Kopfkissen almohada f
Korkenzieher sacacorchos m
Körper cuerpo m kuerpo
kosten costar
krank enfermo(a)
Krankenhaus hospital m
Krankenkasse caja f kacha de enfermedad
Krankenwagen ambulancia f
Krankheit enfermedad f
Kreditkarte tarjeta f de crédito
Kreuzfahrt crucero kruthero
Kreuzung cruce kruthe m
Küche cocina f kothina
Kuchen pastel m
Küchenchef jefe m de cocina
Kunst arte m (Pl f)
Künstler(in) artista m f
künstlich artificial artifithial
Kurs curso m kurso
Küste costa f kosta
L
lachen reir
Lachs salmón m
Lamm cordero m kordero

Lampe lámpara f
Land (politisch) país m
Langlauf esquí m de fondo
lassen dejar dechar
laut ruidoso
Lautsprecher altavoz m
leben vivir
Lederwaren marroquinería f
ledig soltero/a
leider por desgracia
leihen ver~ prestar
lesen leer
Leute gente f chente
Licht luz f luth
Lichtschutzfaktor factor de protección solar
lieben amar, querer
Lied canción f kanthion
Liegestuhl tumbona f
Liegewagen coche m de literas
Likör licor m likor
Limonade limonada f
Lippe labio m lawio
Lippenstift barra f de labios
Liste lista f
Liter litro m
Löffel cuchara f kutschara
Loipe pista f de fondo
Luftmatratze colchoneta f
Luftpost correo m aéreo
Lust (Neigung) ganas f Pl
M
machen hacer ather
Magen estómago m

Mai mayo majo m
Mal vez f
malen pintar
Maler pintor m
Malerei pintura f
man se, uno
Mann hombre m ombre
Mannschaft equipo m ekipo
Mantel abrigo m
Markt mercado m
Marmelade mermelada f
März marzo m martho
Material material m
Matratze colchón m koltschon
Mauer muro m
Maut peaje m peache
Mechaniker mecánico m
Medikament medicamento m
Meer mar m
Meeresfrüchte marisco m
mehr más
Menge cantidad f kantidad
Messe (Handel) feria f
messen medir
Messer cuchillo m kutschijo
Meter metro m
Metzgerei carniceria f
Miete alquiler alkiler m
mieten alquilar alkilar
ver~ alquilar
Milch leche f letsche
mindestens al menos
Mineralwasser agua f mineral
minus menos
Minimum mínimo m

mitbringen traer
mitnehmen llevar jewar
Mittag mediodía m
Mittagessen comida f komida
Mitte medio m, centro m
Mitternacht medianoche f
mittlere/r/s central thentral
Mittwoch miércoles m
Mode moda f
möglich posible posiwle
Moment momento m
Monat mes m
Mond luna f
Montag lunes m
morgen mañana manjana
Morgen mañana f manjana
Motor motor m
Motorboot lancha f motora
Motorrad moto f
Mücke mosquito m moskito
müde cansado kansado
Mülleimer cubo m de basura
kuwo de wasura
Mund boca f
Münze moneda f
Museum museo m
Musik música f
Muskel músculo m
müssen tener que (+Infinitiv)
Mutter madre f
N
Nachmittag tarde f
Nachricht mensaje m ~sache
Nachsaison temporada f baja
temporada wacha

nächster próximo proksimo
Nacht noche f notsche
Nachtisch postre m
nachts por la noche
Nagel (Finger~) uña f unja
nah cercano therkano
nahe bei cerca de therka de
Name nombre m
Nase nariz f
Nationalität nacionalidad f
Nebel niebla f niewla
nehmen tomar, coger kocher
Neujahr año m nuevo
nicht no
nichts nada
nie nunca
noch todavía todawia
Norden norte m
Notausgang salida f de
emergencia emerchenthia
~fall caso m de emergencia
nötig necesario nethesario
November noviembre m
Nummer número m
nur sólo
Nuss (Wal~) nuez f nueth
O
Obst fruta f
Obstsalat ensalada de frutas
öffnen abrir awrir
Öffnungszeiten horas f Pl de
apertura oras de_apertura
oft con frecuencia frekuenthia
ohne sin
Oktober octubre m oktuwre

Öl aceite m atheite
Omelett tortilla f tortija
Onkel tío m
Oper ópera f
Operation operación f
Optiker óptico m
Orange naranja f narancha
Ort lugar m
Osten este m
Ostern Pascua f paskua
P
paar ein~ un par um par
Palast palacio m palathio
Papier papel m
Parfüm perfume m
Park parque m parke
parken aparcar aparkar
Parkplatz aparcamiento m
~haus aparcamiento m
Parkuhr parquimetro m
Party fiesta f
Pass pasaporte m
Patient paciente mf pathiente
Pension pensión f
Person persona f
Personalausweis carné f
de_identidad
Pfeffer pimienta f
Pferd caballo m kawajo
Pfirsich melocotón m
Pflanze planta f
Pflaster esparadrapo m
Pfund medio kilo m
Pille píldora f
Pilz hongo m ongo

Plan plan m
planen planear
Platz plaza f platha
(Sitzplatz) asiento m
plus más
Polizei policia f polithia
Portier portero m
Portion ración f rathion
Postamt oficina de correos
Postkarte postal f
prächtig estupendo
Preis precio m prethio
privat privado/a
probieren probar prowar
Programm programa m
Prospekt prospecto m
prost! salud!
Prozent por ciento m thiento
pünktlich puntual
Q
Quittung recibo m rethiwo
R
Rabatt descuento m deskuento
Radtour excursión en bicicleta
Rasierapparat maquinilla f de
afeitar makinija de afeitar
Rathaus ayuntamiento m
rauchen fumar
Raucher fumador m
Rechnung cuenta f kuenta
Regen lluvia f juwia
~mantel impermeable m
Regenschirm paraguas m
regnen llover jower
Reifen neumático m

rein puro/a
reinigen limpiar
Reis arroz m arroth
Reise viaje m
R-führer guía m turístico
reisen viajar biachar
Reklamation reclamación f
reklamieren reclamar
Reparatur reparación f
reparieren reparar
reservieren reservar reserwar
Reservierung reserva f
Restaurant restaurante m
Rettungsboot bote salvavidas
Rettungsring salvavidas m
Rezept receta f retheta
Richtung dirección f ~thion
Rindfleisch carne de vacuno
Rock falda f
Rollbraten asado m enrollado
Rollschinken jamón en rollo
roh crudo/a
Rolltreppe escalera mecánica
Roman novela f nowela
röntgen hacer una radiografia
Rose rosa f
rot rojo/-a /-os/-as rocho
Rücken espalda f
Rückkehr vuelta f wuelta
Rucksack mochila motschila
Ruderboot bote m de remos
rufen herbei~ llamar jamar
ruhig tranquilo/a trankilo
rund redondo/a
Rundfahrt circuito m thirkuito
Rundgang vuelta f
S
Safe caja f fuerte kacha fuerte
Saft zumo m thumo
sagen decir dethir
Sahne crema f krema
Saison temporada f
Salat ensalada f
Salz sal f
Samstag sábado m sawado
Sand arena f
sauber limpio/a
Schachtel caja f kacha
Schaden daño m danjo
scharf (Speise) picante
Schatten sombra f
Schaufenster escaparate m
Scheibe(Wurst) rodaja f
Schere tijeras fPl ticheras
schicken enviar embiar
Schiff barco m barko
Schinken jamón m chamon
schlafen dormir
Schlafwagen coche m cama
schließen cerrar therrar
Schloss castillo m kastijo
Schlüssel llave f jawe
schmal estrecho estretscho
schmecken gustar
Schmerz dolor m
schmutzig sucio suthio
Schnee nieve f
schneiden cortar
Schnellzug tren m expreso
Schnitzel escalope m

Schokolade chocolate m	Sonntag domingo m
schon ya ja	Soße salsa f
schreiben escribir eskriwir	Speisekarte carta f karta
Schuh zapato m thapato	~saal comedor m komedor
schulden deber dewer	Spiegel espejo m especho
Schweinefleisch cerdo therdo	Spiel juego m chuego
Schwester hermana f ermana	Spielbank casino m
schwierig difícil difithil	spielen jugar chugar
Schwimmbad piscina f ~thina	sprechen hablar awlar
schwimmen nadar	Stadt ciudad f
See lago m	~plan plano m de la ciudad
Segelboot barco m de vela	statt en lugar de, en vez de
segeln navegar a vela	stattfinden tener lugar
sehen ver	Steckdose enchufe entschufe
Seife jabón m chawon	stehen estar en pie
Seilbahn funicular m	stehlen robar rowar
sein ser, estar	stellen poner
Semmel panecillo m panethijo	Stil estilo m
September septiembre m	Stockwerk piso m
servieren servir serwir	Stoff (Tuch) tela f
Serviette servilleta f serwijeta	stören (belästigen) molestar
Sessellift telesilla f telethija	Strand playa f plaja
setzen poner	Straße calle f kaje
sicher seguro/a	Straßenbahn tranvía m
Sicht vista f	Streichholz cerilla therija f
sitzen estar sentado	Stromspannung voltaje m
so así	Strömung corriente f
Skulptur escultura f	Strumpf media f
Socke calcetín m kalthetin	Stück trozo m trotho
sofort en seguida en segida	Stuhl silla f sija
Sohn hijo m icho	Stunde hora f ora
Sommer verano m	suchen buscar buskar
Sonne sol m	Süden Sur m
Sonnencreme crema f solar	Supermarkt supermercado m
Sonnenschirm parasol m	Suppe sopa f

T

Tabakladen estanco m estanko
Tag día m
Tankstelle gasolinera f
tanzen bailar
Tanzlokal salón m de baile
Tasche (Hand~) bolso m
Taschentuch pañuelo
Tasse taza f tatha
tauchen sumergir sumerchir
tauschen cambiar kambiar
Teelöffel cucharita f de té
Teigwaren pastas f Pl
Teil parte f
Telefon teléfono m
~buch guía de teléfonos
~karte tarjeta f telefónica
~zelle cabina f telefónica
telefonieren telefonear
Teller plato m
Termin cita f thita
Terrasse terrazza f terratha
Theater teatro m
tief profundo/a
Tier animal m
Tisch mesa f
Tischtennis ping-pong m
Tochter hija f icha
Toilette servicio m serwithio
~papier papel m higiénico
Tour vuelta f
tragen llevar jewar
Tragetüte bolsa f
transportieren transportar
treffen encontrar
Treppe escalera f eskalera
Tretboot patín m acuático
trinken beber, tomar
Trinkwasser agua f potable
Tropfen gota f
Tür puerta f
Turm torre f

U

U-bahn metro m
überqueren atravesar
Überraschung sorpresa f
übersetzen traducir
Uhr reloj m reloch
Uhrzeit hora ora f
Umleitung desviación f
umsteigen cambiar
umtauschen cambiar
Unfall accidente m agthidente
ungefähr aproximadamente
unterschreiben firmar
Unterschrift firma f
Urlaub vacaciones f Pl

V

Vanille vainilla f vainija
Vater padre m
Ventilator ventilador m
verabschieden despedir
verbieten prohibir proiwir
verbringen pasar
vergessen olvidar olwidar
Verkauf venta f
verkaufen vender
Verleih alquiler m
verlieren perder
vermieten alquilar

verschieden diferente
Versicherung seguro m
Verspätung retraso m
verstehen entender
Vertrag contrato m
Verzeichnis lista f
vielleicht quizás, tal vez
Viertel cuarto m
voll lleno jene/a
Vorspeise entrada f
vorstellen presentar
Vorwahl (Tel) prefijo m
vorziehen preferir
W
warten esperar
Waschbecken lavabo lawawo
waschen lavar lawar
Wasser agua f
Wasserhahn grifo m
wechseln (Geld) cambiar
wecken despertar
Wein vino m
(Rotwein vino tinto)
(Weißwein vino blanco)
wenig poco poko
Werkstatt taller m tajer
Werktag día f laborable
Wetter tiempo m
wichtig importante
wiederholen repetir
wiedersehen volver a ver
Wind viento m
Winter invierno m
wissen saber

Woche semana f
wohnen vivir
Wohnwagen caravana f
Wolke nuve f nuwe
wollen querer kerer
Wort palabra palawra f
wünschen desear
Wurst salchicha saltschitscha
Z
Zahl número m
zahlen pagar
Zahn diente f
Zahnarzt dentista m f
Zahnpasta dentifrico m
zeigen mostrar
Zeit tiempo m
Zeitschrift revista f rewista
Zeitung periódico periodiko
~kiosk kiosco m kiosko
Zelt tienda f de campaña
zelten hacer camping
Zentrum centro m thentro
zerbrechen romper
ziehen tirar
Zigarette cigarillo m thigarijo
Zigarre puro m
Zimmer habitación awitathion
~mädchen camarera f
Zitrone limón m
Zucker azúcar m f
Zug tren m
zurückkehren volver, regresar
zu viel demasiado
zwischen entre